PIRÁMIDES
DE EGIPTO

Para Jean Philippe Lauer, quien dedicó
su vida al estudio y reconstrucción
del yacimiento arqueológico de Sakkara

DIANA

LIBSA

CONTENIDO

1 Las pirámides de Guiza en un grabado del siglo XVII.

2-3 Las pirámides de Guiza, vistas aquí desde el sur, fueron construidas durante la IV Dinastía en una meseta caliza en el desierto. En primer plano se puede ver la pirámide de Menkaure, precedida por sus tres pequeñas pirámides satélite, más al fondo (el norte) se pueden ver la pirámide de Khafre y finalmente la de Khufu. La meseta de Guiza era una de las necrópolis de Menfis, la capital de Egipto durante el Reino Antiguo. La UNESCO ha incorporado todo el conjunto a su lista de monumentos Patrimonio de la Humanidad.

4 La gran Esfinge de Guiza se ha convertido en un monumento y un símbolo de la civilización egipcia. Su misteriosa aparición y la ausencia de inscripciones ha propiciado rocambolescas teorías sobre su origen real y su verdadera antigüedad.

5 Entre las obras maestras del Reino Antiguo se encuentran las llamadas Tríadas de Micerino, cinco estatuas encontradas en 1908 durante las excavaciones realizadas en la zona del templo bajo de la pirámide de Menkaure. En cada uno de los grupos escultóricos, el faraón aparece representado junto a la diosa Hathor (a su derecha) y una deidad que personifica a un nomo, una división administrativa del antiguo Egipto. Al fondo se puede ver la pirámide de Kafre.

© Coedición: Edivisión Compañía Editorial S.A. de C.V. de México
Grupo Editorial Diana
ISBN: 968-13-3946-0

Para la lengua española
© 2005, Editorial LIBSA
San Rafael, 4
28108 Alcobendas. Madrid
Tel. (34) 91 657 25 80
Fax (34) 91 657 25 83
e-mail: libsa@libsa.es
www.libsa.es

Traducción: José Miguel Parra Ortiz
Título original: *The Pyramids of Egypt*
ISBN: 84-662-1105-5
World copyright
© MMIII, White Star S.r.l., Italy

PREFACIO
Zahi Hawass

Muchas personas piensan que, con anterioridad a las fechas que la cronología actual concede a las antiguas dinastías egipcias, existió una gran civilización anterior. Sin embargo, en Guiza no se ha encontrado una sola pieza de cultura material, ni un solo objeto o fragmento que pueda ser interpretado como procedente de una civilización perdida. En vez de ello hemos encontrado abundancia de tumbas, cuerpos, barcos antiguos, inscripciones, cerámica, tahonas, etcétera de la cultura egipcia de la IV Dinastía, fechada en torno a 2500 a.C. La arqueología no posee ni una sola prueba de una civilización avanzada anterior a 3200 a.C. aproximadamente. Las teorías y la especulación sobre civilizaciones perdidas parecen emocionar más a la gente que los descubrimiento sobre la cultura que realmente hallamos en Guiza y otros lugares de Egipto, la cultura egipcia, de cuya existencia estamos seguros. Era una gran cultura. ¿Por qué necesita la gente buscar otra? Como científicos, mantenemos nuestra mente abierta, pero debemos basar nuestras ideas sobre el pasado en las pruebas arqueológicas.

6, ARRIBA. *El rostro de Khafre¹ en la gran estatua de diorita encontrada por Mariette en el templo bajo la pirámide de este faraón, expresa la calmada majestad típica de las esculturas del Reino Antiguo.*

6, DEBAJO. *Menkaure, aquí tal cual aparece en una de las famosas estelas conocidas como las Tríadas, sucedió a Khafre. Es el responsable de la construcción de la llamada tercera pirámide de Guiza (Museo de El Cairo).*

6-7. *Destacadas sobre el horizonte, las tres gigantescas pirámides parecen surgir de la roca caliza de la meseta de Guiza.*

8, ARRIBA. *La pirámide de Khufu siempre ha suscitado un enorme interés entre los estudiosos de la arquitectura, las matemáticas y la astronomía; también a atraído a amantes de la teosofía, que creen que las relaciones geométricas presentes en este monumento son la expresión de un supuesto conocimiento antiguo que actualmente se encuentra perdido.*

8, DEBAJO. *La punta de la pirámide de Khafre todavía conserva su recubrimiento de caliza blanca de Tura, saqueado en las otras pirámides de Guiza.*

Las únicas de las Siete Maravillas del mundo antiguo que han sobrevivido a los efectos del tiempo, las grandes pirámides de Guiza continúan deslumbrando e inspirando a los incontables y aturdidos visitantes de esas grandiosas masas de piedra, impresionante testimonio de la extraordinaria civilización que floreció en el valle del Nilo entre el cuarto y el tercer milenio antes de Cristo.

Heródoto viajó por Egipto en el siglo V a.C. y quedó fascinado por las pirámides. Puede ser considerado como el primer historiador occidental que estudió la civilización del Nilo y escribió en extenso sobre estos monumentos y los faraones que los construyeron, en el Libro II de sus *Historias*. De hecho, en él cuenta muchas falsedades que han llegado a arraigar firmemente en el inconsciente colectivo: las decenas de miles de esclavos que trabajaban a golpe de látigo manejado por el capataz son, en realidad, fruto de su en ocasiones vívida imaginación.

Napoleón, la víspera de la recordada batalla de las Pirámides, también estaba subyugado por las pirámides y, al arengar a sus tropas, pronunció la conocida frase: «Soldados, desde estas alturas 40 siglos os contemplan.» Mientras tanto, los eruditos que viajaban con su expedición tomaban nota incrédulos de que las tres pirámides de Guiza eran tan inmensas que con el material empleado en su construcción se podría levantar un muro que rodeara toda Francia.

Es difícil explicar el misterioso poder que indudablemente emana de las pirámides de Guiza, responsable de los ríos de tinta vertidos por aquellos que han imaginado fantásticas hipótesis sobre su función: cofre del tesoro de conocimientos perdidos, libro de piedra que oculta oscuros mensajes matemáticos, astronómicos y esotéricos, receptores de energía cósmica...

No obstante, a pesar de todos los estudios e investigaciones realizados, un velo de misterio todavía cubre las pirámides, pues todavía no sabemos con certeza cómo fueron construidas realmente: resulta extraño que los antiguos egipcios no nos dejaran ningún documento sobre sus técnicas constructivas, de modo que nuestra única posibilidad es teorizar sobre las mismas. Por otra parte, recientes estudios y excavaciones arqueológicas han arrojado nueva luz sobre la vida que rodeaba las pirámides: la de los constructores que las construyeron y las de los dignatarios que vivían en la Corte y fueron merecedores de un lugar de reposo eterno junto a su rey. Aunque las pirámides de Guiza son las más famosas de Egipto, el símbolo de la gloria de la IV Dinastía, existen otras que son más antiguas y no menos grandiosas. En Sakkara, durante la III Dinastía, el legendario y posteriormente deificado Imhotep construyó para el faraón Djoser una pirámide escalonada, prototipo que

8-9. *Las pirámides de Khafre y Khufu tienen aproximadamente la misma altura (hay unos tres metros de diferencia), pero poseen volúmenes muy distintos debido a la diferencia en la longitud de sus bases. El volumen de la pirámide de Khufu se calcula en unos 2.500.000 m³, mientras que el de Khafre es de 1.659.000 m³. Incluso la inclinación de las caras es ligeramente diferente: 51E50´40´´ en el caso de Khufu y 53E10´ en el de Khafre.*

9, ARRIBA. *La Esfinge es otro monumento simbólico de la civilización egipcia que ha hecho correr ríos de tinta, no sólo procedente de las plumas de los arqueólogos, sino también y sobre todo de los amantes de la arqueología fantástica, quienes sostienen que este monumento, único en la historia de Egipto, tiene una increíble antigüedad de diez mil años. En realidad, la mayoría de los especialistas coinciden en que la Esfinge fue construida durante el reinado de Khafre. Era considerada guardián de la necrópolis de Guiza y, durante el Reino Nuevo, fue identificada con el dios Horemakhet, una deidad que expresaba el triple aspecto del sol: amanecer, mediodía y atardecer.*

posteriormente sería perfeccionado y desarrollado por su sucesor Esnefru en Meidum y Dashur, un yacimiento este último que sólo se abrió al público a finales de 1996[2].

Esta guía presenta, por primera vez, una descripción exhaustiva y completa de todas las principales pirámides de las grandes necrópolis menfitas del Reino Antiguo, a la luz de los últimos descubrimientos y estudios. Gracias a la abundante selección de mapas, planos y reconstrucciones, el lector podrá explorar la civilización que se desarrolló a orillas del Nilo entre el cuarto y el tercer milenio a.C.

EGIPTO DURANTE EL REINO ANTIGUO

ANTES DE LAS PIRÁMIDES (3200-2635 A.C.)

Aproximadamente a finales del período de Nagada II, el largo proceso de desarrollo que había comenzado durante el cuarto milenio a.C. culminó con la creación de una monarquía, un Estado, una arquitectura y los primeros símbolos de escritura. Al crear un rey y un gobierno centralizado, Egipto dejó el período prehistórico y entró en lo que generalmente se conoce como período predinástico, período tinita o período Nagada III.

La formación de centros protourbanos cada vez más grandes se hizo necesaria debido a la creciente aridez, que obligó a los habitantes de la zona a buscar emplazamientos mejor adaptados para la vida de los asentamientos neolíticos. Esto llevó al incremento del poder central y a la aparición de un líder que se terminó convirtiendo en rey, responsable de la organización, regulación y protección de su ciudad. Su poder se expresaba mediante emblemas y se legitimaba por medio de su relación con una entidad superior: los dioses.

Esto sentó las bases para la futura civilización faraónica, donde el rey era el líder de un sistema centralizado, piedra angular del cual era el palacio real, un concepto tan importante que, con el tiempo, el soberano y su palacio (en egipcio llamado *per-aa*, «la gran casa») llegaron a ser considerados como una sola entidad, lo que dio origen a la palabra *faraón*. Así es como nacieron la arquitectura y la religión, que se convertiría (y seguiría siendo) estatal: un grupo de actos devotos que legitimaban el poder del rey como intermediario entre lo divino y lo humano, el cielo y la tierra.

Una clase de funcionarios ayudaba al rey a gobernar, tanto el país como su economía; no tardando en aparecer una cabeza visible de esta oligarquía, el *tjati*[3]

o visir, cargo que se conoce desde finales de la II Dinastía.

El período que precede a la formación de las llamadas dinastías tinitas (nombre que procede de Tinis, de donde, según Manetón, eran originarios los primeros reyes), todavía es oscuro: se sabe que hubo numerosos soberanos y que Egipto estaba dividido en dos reinos, uno al sur y otro al norte, que se desarrollaron de forma natural a partir de la distribución de los asentamientos del período Nagada I.

En el norte, el papel del rey fue gestándose en la ciudad de Buto (en la actualidad Tell el-Faraun), en el delta del Nilo; mientras que en el sur la monarquía se instaló en la antigua Nekhen (cerca del yacimiento actual de Kom el-Ahmar), más conocido por su nombre griego,

10, IZQUIERDA. *Los nombres de los reyes de las tres primeras dinastías se escribían con un elemento gráfico que se llamó* serekh, *representación de un palacio real coronado por una imagen del dios Horus en forma de halcón. A comienzos del reinado de Huni, el último faraón de la III Dinastía, el serekh fue reemplazado por un cartucho*[4]. *La foto muestra el serekh de Djet, el rey Serpiente, el tercer soberano de la I Dinastía, representado en una estela funeraria encontrada en Abydos (París, Museo del Louvre).*

volverse bastante complejos y centrarse en el poder que unificaba el Alto (el sur) y el Bajo (el norte) Egipto, relacionado con la figura del rey.

A partir de la escasa información que poseemos del reinado de Menes, se puede asumir que éste guerreó contra los nubios y los libios en las tierras que bordeaban Egipto; además, existió un comercio regular con las regiones más cercanas del Oriente Próximo y Medio. Fue enterrado en Abydos, en donde lo fueron posteriormente todos los soberanos de la I Dinastía y dos de la II Dinastía.

Menes fue sucedido por el Horus Djet (también conocido como el rey serpiente, a partir del pictograma que representa su nombre) y luego por otros soberanos. Qaa fue el último rey de la I Dinastía.

Probablemente tras él se produjo un período de gran oscuridad con serios problemas internos, hasta que comenzó la II Dinastía con Hotepsekhemuy; es probable que su familia fuera nativa del delta. Los dos primeros faraones de la II Dinastía no fueron enterrados en Abydos, sino en Sakkara, donde ya había amplias y complejas tumbas para algunos altos funcionarios de la I Dinastía, como Hemaka.

Al contrario que los reyes de la I Dinastía, los de la II Dinastía nunca consiguieron mantener la unidad el país y este período significó una retorno a una monarquía con dos soberanos, uno en el norte y otro en el sur, hasta que Khasekhemuy se sentó en el trono de Hieracómpolis y reunificó el país. Fue el último soberano de la II Dinastía.

Se considera probable que la esposa de Khasekhemuy fuera la madre de Djoser, el segundo soberano de la III Dinastía[6]. Esto explicaría la suave transición entre las dos dinastías. Durante el reinado de Djoser, quien devolvió la capitalidad a Menfis, Egipto abandonó el período dinástico temprano y entró en el período conocido como Reino Antiguo: la época en la que fueron construidas las grandes pirámides acababa de comenzar.

Hieracómpolis, el gran centro protourbano fundado en la orilla izquierda del Nilo. Los reyes de Buto escogieron como símbolo una corona roja[5], con la diosa cobra Wadjet; los reyes de Hieracómpolis eligieron una corona blanca y a la diosa buitre Nekhbet como sus símbolos. El primer rey conocido se llamó Escorpión, como podemos leer en un bastón ceremonial encontrado en Hieracómpolis, en el que hay una imagen de esta criatura.

Durante este período, sobre el cual se conoce poco, aparecen los nombres de otros dioses-reyes, Ra y Sechen, seguidos de Narmer, quien unificó el país (o más bien conquistó el norte) y fue el último faraón del período predinástico. El sucesor de Narmer, el Horus Aha, quien probablemente accediera al poder con el nombre de Menes, fue el fundador de la I Dinastía.

La I Dinastía perduró durante dos siglos, desde comienzos del tercer milenio hasta 2635 a.C. Durante el reinado de Menes se fundó una segunda capital en el norte, lo que permitió que este territorio fuera controlado de forma efectiva, lo que era imposible desde Hieracómpolis, que se encontraba a casi 600 kilómetros al sur. De este modo fue fundada la ciudad conocida como Inebhedj, «el Muro Blanco», que más tarde se terminaría llamando Menfis, la primera gran capital de Egipto.

Para mantener la cohesión entre las dos partes de un país extremadamente dicótomo, los rituales de la coronación tenían lugar en Menfis. No tardaron en

LA ERA DE LAS PIRÁMIDES
(2635-1780 A.C.)

Con la llegada de la III Dinastía se produjo un cambio, no tanto en la estructura social como en las áreas filosófica y religiosa de la civilización egipcia.

Mientras que en el dinástico temprano la tumba real estaba estrechamente relacionada con la afirmación del poder terrenal del cual, al igual que el palacio, era una expresión física, con la llegada de la III Dinastía la tumba se convirtió también en una símbolo de la divinidad del faraón, de su supervivencia en la otra vida, de su poder celestial, que iba más allá de la muerte y podía ser utilizado en beneficio de todo el país.

Para expresar estas nuevas ideas, Imhotep, gran canciller y arquitecto del rey Netjerykhet (más conocido como Djoser, como era llamado a comienzos del Reino Nuevo), diseñó una mastaba que posteriormente decidió elevar mediante una serie de mastabas superpuestas[7]: así nació la pirámide escalonada de Sakkara, que simboliza

una escalera que alcanza el cielo o que desciende desde el cielo hasta la tierra, para permitir el ascenso al firmamento del faraón. Se trata de una idea que aparece expresada varias veces en los *Textos de las pirámides*, la colección de fórmulas e invocaciones grabadas en las pirámides a partir de la V Dinastía y que acabaron transformándose en los *Textos*

de los sarcófagos y luego en el *Libro de los muertos*.

No se sabe de cierto si Djoser fue realmente el primer rey de la III Dinastía[8], pero sí es seguro que fue el primero en utilizar la pirámide escalonada para expresar el nuevo concepto de realeza, dando comienzo con ello a la Edad de las Pirámides.

12, ARRIBA IZQUIERDA. *La pirámide escalonada de Djoser en Sakkara, diseñada por el famoso arquitecto Imhotep durante la III Dinastía, puede considerarse como la primera pirámide construida en Egipto.*

El monumento, que simboliza una escalera hacia el cielo para facilitar la unión del alma del rey con su padre divino, Ra, es el resultado de una serie de ampliaciones de lo que originalmente era una mastaba.

12, ARRIBA DERECHA. La pirámide de Meidum, atribuida a Huni (el último faraón de la III Dinastía) y a Esnefru (el primer faraón de la IV Dinastía), quien la abría ampliado y transformado en pirámide verdadera, se considera un punto de transición entre las dos formas piramidales. En realidad, recientes estudios han llegado a la conclusión de que la pirámide de Meidum nunca fue completada y que la masa de escombros que la rodea son los restos de las rampas utilizadas en su construcción.

12-13. La pirámide Sur de Esnefru en Dashur, también conocida como pirámide Romboidal, debe su nombre al cambio de inclinación que se produce en sus caras, lo que disminuye también en el tamaño del propio monumento. Es probable que la decisión de hacerlo viniera dictada por los signos de colapso estructural que se apreciaron dentro de la pirámide.

13, ARRIBA. Los faraones de la V Dinastía (Sahure, Niuserre, Neferirkare y Neferefre) construyeron sus pirámides en Abusir. Las pirámides de este período, en el cual se produjo una evolución en el concepto religioso y un cambio económico, son de menor tamaño, con bloques pobremente cortados formando su núcleo interior.

12, DEBAJO IZQUIERDA. La pirámide de Khufu es el más grande de todos los monumentos que nos ha dejado la civilización faraónica y un testigo del increíble nivel tecnológico conseguido a mediados del tercer milenio a.C. Originalmente, la pirámide tenía 146 metros de altura, pero en la actualidad sólo alcanza los 138 metros. Su volumen era superior a los 2.500.000 m³.

13, CENTRO. En El-Kula, un poblado del Alto Egipto, hay una pequeña pirámide fechada en la III Dinastía. En todo Egipto se conocen otras seis pirámides similares. El significado de estos monumentos todavía no se comprende por completo, pero puede que sirvieran para señalar las capitales de las primeras provincias.

12, CENTRO DERECHA. Los restos del templo solar de Niuserre se encuentran en Abusir. El templo solar, una estructura religiosa que aparece por primera vez en la V Dinastía, consistía en una alta base de paredes inclinadas sobre la que se erigía un obelisco de mampostería.

13, DEBAJO. La pirámide que Unas, el último faraón de la V Dinastía, se construyó en Sakkara, es la primera que contuvo textos jeroglíficos grabados en las paredes de las cámaras interiores. Éstos se conocen como Textos de las pirámides, invocaciones y fórmulas mágicas relacionadas con el ritual funerario.

Dada la falta de fuentes escritas, muy poco se sabe de los detalles de los rituales celebrados durante la III Dinastía. No obstante, parece claro que dentro del marco del nuevo concepto de realeza expresado durante este período, la pirámide y sus anejos estaban en armonía con los ritos que acababan de comenzar, incluido la celebración de la Heb-sed (la fiesta Sed), que era el ritual que regeneraba las fuerzas del rey, asegurando que su poder, y con él la unidad de todo el país, se mantuviera.

Dos innovaciones introducidas durante este período fueron la construcción de un templo funerario, donde se celebraba el culto del divino faraón, y del *serdab*, una habitación completamente cerrada que contenía una gran estatua del faraón y estaba comunicada con el exterior mediante una pequeña abertura. Esta estatua equivalía al propio rey y permitía al difunto faraón estar presente y comunicarse con el mundo exterior mediante los agujeros practicados en el muro y poder beneficiarse así de los sacrificios, ofrendas y sahumerios.

Los cuatro sucesores de Djoser adoptaron también el concepto de tumba piramidal, construyendo además de las pirámides reales otras siete pequeñas pirámides durante la III Dinastía. Localizas en el Egipto Medio y en el Alto Egipto, cerca de grandes asentamientos predinásticos y del dinástico temprano, la función de estas estructuras es desconocida. No obstante, en las provincias podían ser representaciones simbólicas del poder real.

Durante el reinado de Esnefru, el primer faraón de la IV Dinastía, la pirámide adquirió su aspecto final como expresión de la cada vez mayor importancia dada al culto solar, asociado al culto del faraón, un concepto que continuó desarrollándose y que llevaría a la construcción de los templos solares durante la V Dinastía. Según fue evolucionando el pensamiento religioso, dejó de considerarse necesario contar con una escalera celestial, pues los lados lisos de la pirámide, una materialización de los rayos de sol en piedra, también permitían al faraón realizar ese ascenso al cielo.

Esnefru modificó la pirámide escalonada que Huni, el ultimo faraón de la III Dinastía, construyó en Meidum, a unos 60 kilómetros al sur de El Cairo, y la recubrió con una nueva capa exterior. En Dashur, aproximadamente a 50 kilómetros al norte de Meidum, se construyó una pirámide para sí mismo, la llamada pirámide Sur o pirámide Romboidal, en la que se puede ver un curioso cambio en la inclinación de sus caras, que disminuye unos 10°E a partir del tercio superior de la pirámide. No se sabe por qué los arquitectos de Esnefru realizaron el cambio, pero se puede suponer que, tras observarse señales de un posible colapso de la estructura, se decidió reducir el peso.

A partir de la época de Esnefru, las pirámides recibieron anexos, que se perfeccionarían con las pirámides construidas a finales de la IV Dinastía: la pirámide subsidiaria (para la reina), junto al templo del valle y una rampa procesional que lo comunicaba con el templo funerario.

Al final de la III Dinastía, los grandes cambios habidos tanto en la filosofía como en la religión y la arquitectura de las pirámides, se habían consolidado, refinándose también las técnicas de construcción: se habían puesto los cimientos para poder construir las grandes pirámides de Guiza.

Las pirámides de los faraones de la IV Dinastía alcanzaron un nivel de perfección en su estilo arquitectónico que nunca sería igualado posteriormente. Se caracterizan por sus formas inmensas, el uso de enormes bloques cuidadosamente aparejados y unas estructuras anejas completamente desarrolladas: el templo funerario, las pirámides subsidiarias, la rampa procesional y el templo del valle.

A finales de la IV Dinastía aproximadamente, durante el reinado de Menkaure, las pirámides comenzaron a hacerse más pequeñas. Esta tendencia se fue haciendo cada vez más evidente durante la V Dinastía, debido no sólo a los cambios en los conceptos religiosos, sino también, y quizá sobre todo, a los cambios políticos y económicos, que probablemente supusieron un debilitamiento del poder real y la necesidad de disminuir los gastos públicos. De hecho, las pirámides de la V Dinastía no son tan grandes como las anteriores y están construidas de bloques de piedra mal aparejados y materiales más baratos, como la caliza local[9]. Factores, todos ellos, que contribuyeron a la relativa corta vida de estas estructuras.

A finales de la V Dinastía, durante el reinado del faraón Unas, tuvo lugar un importante avance que también caracteriza a las pirámides de la VI Dinastía. Si bien el estilo arquitectónico no cambió y el tamaño siguió siendo modesto, en las paredes de las cámaras funerarias comenzaron a aparecer los llamados *Textos de las pirámides*.

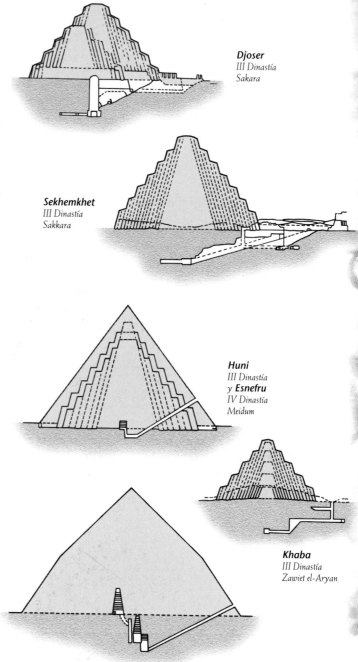

Djoser
III Dinastía
Sakara

Sekhemkhet
III Dinastía
Sakkara

Huni
III Dinastía
y **Esnefru**
IV Dinastía
Meidum

Khaba
III Dinastía
Zawiet el-Aryan

Esnefru
(Pirámide Sur o
pirámide Romboidal)
IV Dinastía
Dashur

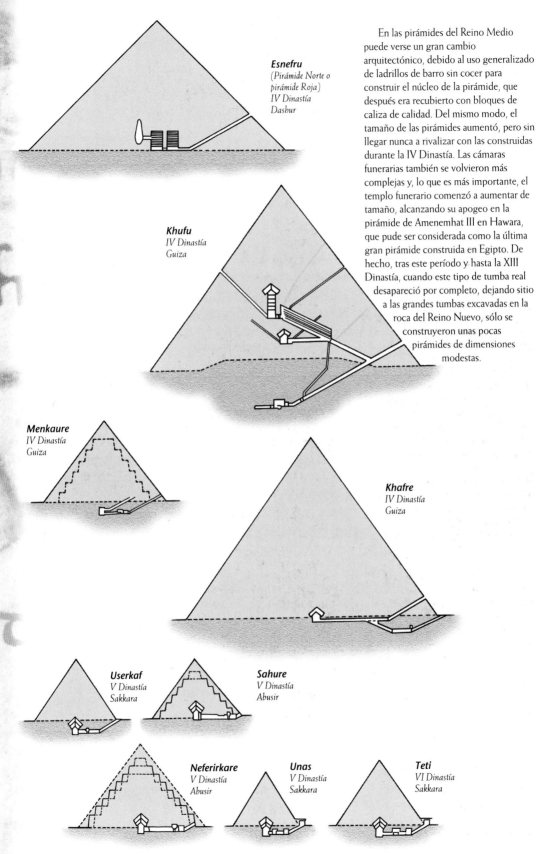

Esnefru
(Pirámide Norte o
pirámide Roja)
IV Dinastía
Dashur

Khufu
IV Dinastía
Guiza

Menkaure
IV Dinastía
Guiza

Khafre
IV Dinastía
Guiza

Userkaf
V Dinastía
Sakkara

Sahure
V Dinastía
Abusir

Neferirkare
V Dinastía
Abusir

Unas
V Dinastía
Sakkara

Teti
VI Dinastía
Sakkara

En las pirámides del Reino Medio puede verse un gran cambio arquitectónico, debido al uso generalizado de ladrillos de barro sin cocer para construir el núcleo de la pirámide, que después era recubierto con bloques de caliza de calidad. Del mismo modo, el tamaño de las pirámides aumentó, pero sin llegar nunca a rivalizar con las construidas durante la IV Dinastía. Las cámaras funerarias también se volvieron más complejas y, lo que es más importante, el templo funerario comenzó a aumentar de tamaño, alcanzando su apogeo en la pirámide de Amenemhat III en Hawara, que pude ser considerada como la última gran pirámide construida en Egipto. De hecho, tras este período y hasta la XIII Dinastía, cuando este tipo de tumba real desapareció por completo, dejando sitio a las grandes tumbas excavadas en la roca del Reino Nuevo, sólo se construyeron unas pocas pirámides de dimensiones modestas.

CUADRO CRONOLÓGICO
TODAS LAS FECHAS SON APROXIMADAS

16, ARRIBA. *La Lista Real se encuentra en el templo de Seti I en Abydos. La lista contiene los cartuchos de los 76 reyes de Egipto que precedieron a Seti I. Este documento epigráfico, junto a la Piedra de Palermo, la Lista Real de Sakkara y el Canon Real de Turín, proporcionan la base para la cronología del antiguo Egipto.*

PREDINÁSTICO 3200-2920 a.C.

DINÁSTICO TEMPRANO 2920-2635 a.C.

Dinastía 0
Rey Escorpión
Narmer

I Dinastía 2920-2780 a.C.
Horus Aha
Djer
Djet
Den
Anedjib
Semerkhet
Qaa

II Dinastía 2780-2635 a.C.
Hetepsekhemuy
Raneb
Nynetjer
Seth-Peribsen
Khasekhemuy[10]

REINO ANTIGUO 2635-2140 a.C.

III Dinastía 2635-2561 a.C.
Sanakht
Horus Netjerikhet (Djoser)
Horus Sekhemkhet
Khaba
Huni

IV Dinastía 2561-2450 a.C.
Esnefru
Khufu (Keops)
Djedefre
Khafre (Kefrén)
Menkaure (Micerino)
Shepseskaf

V Dinastía 2450-2321 a.C.
Userkaf
Sahure
Neferirkare
Shepseskare
Neferefre
Niuserre
Menkauhor
Djedkare Isesi
Unas

VI Dinastía 2321-2140 a.C.
Teti
Pepi I
Merenre
Pepi II

PRIMER PERÍODO INTERMEDIO 2140-2100 a.C.

VII, VIII, IX y X Dinastías

REINO MEDIO 2100-1750 a.C.

XI Dinastía (tebana)

XII Dinastía
Amenemhat I
Sesostris I
Amenemhat II
Sesostris II
Sesostris III
Amenemhat III
Amenemhat IV
Sobekneferu (reina)

SEGUNDO PERÍODO INTERMEDIO 1750-1550 a.C.

REINO NUEVO 1550-1076 a.C.

TERCER PERÍODO INTERMEDIO 1076-712 a.C.

BAJA ÉPOCA 712-332 a.C.

ÉPOCA GRECORROMANA 332 a.C.-395 d.C.

16, DEBAJO. *La llamada Piedra de Palermo es el fragmento más grande y completo de una losa grabada en la V Dinastía, que conserva una crónica de los años que reinaron los soberanos de las primeras cinco dinastías y es el documento más importante que se conoce hasta ahora de la cronología del Reino Antiguo. Otros fragmentos de la losa original se conservan en el Museo de El Cairo y en el Petrie Museum de Londres.*

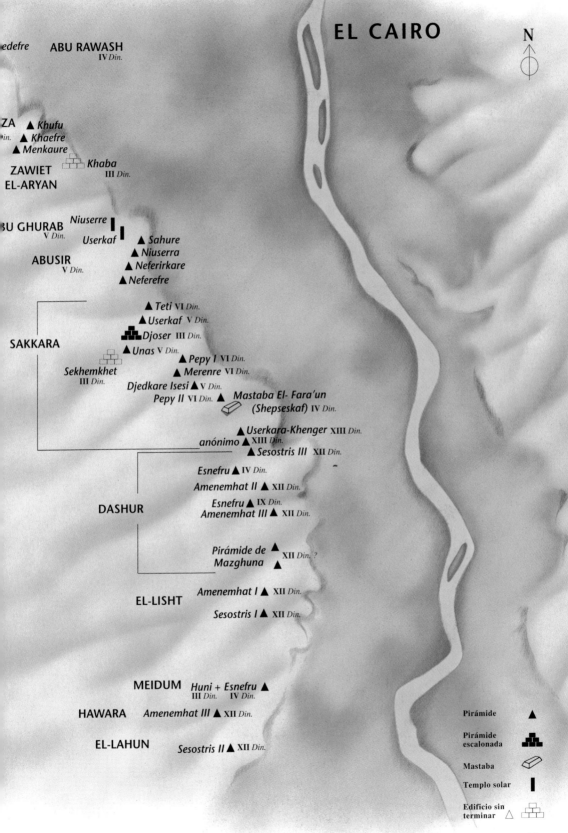

EL CAIRO

N

edefre **ABU RAWASH**
IV *Din.*

ZA ▲ *Khufu*
in. ▲ *Khaefre*
  ▲ *Menkaure*

  ⛏ *Khaba*
ZAWIET III *Din.*
EL-ARYAN

  Niuserre ▮
BU GHURAB
V *Din.* *Userkaf* ▮▮

  ▲ *Sahure*
ABUSIR ▲ *Niuserra*
V *Din.* ▲ *Neferirkare*
  ▲ *Neferefre*

  ▲ *Teti* VI *Din.*
  ▲ *Userkaf* V *Din.*
  ▰ *Djoser* III *Din.*
SAKKARA
  ▲ *Unas* V *Din.*
  ⛏ ▲ *Pepy I* VI *Din.*
Sekhemkhet ▲ *Merenre* VI *Din.*
III *Din.* *Djedkare Isesi* ▲ V *Din.*
  Pepy II VI *Din.* ▲ *Mastaba El- Fara'un*
  ▱ *(Shepseskaf)* IV *Din.*

  ▲ *Userkara-Khenger* XIII *Din.*
  anónimo ▲ XIII *Din.*
  ▲ *Sesostris III* XII *Din.*

  Esnefru ▲ IV *Din.*
  Amenemhat II ▲ XII *Din.*
DASHUR
  Esnefru ▲ IX *Din.*
  Amenemhat III ▲ XII *Din.*

  Pirámide de ▲ XII *Din.* ?
  Mazghuna ▲

  Amenemhat I ▲ XII *Din.*
EL-LISHT
  Sesostris I ▲ XII *Din.*

MEIDUM *Huni + Esnefru* ▲
  III *Din.* IV *Din.*
HAWARA *Amenemhat III* ▲ XII *Din.*

EL-LAHUN *Sesostris II* ▲ XII *Din.*

Pirámide ▲

Pirámide ▰
escalonada

Mastaba ▱

Templo solar ▮

Edificio sin △ ⛏
terminar

17

LA EXPLORACIÓN
DE LAS PIRÁMIDES

Las pirámides de Guiza, la única de las Siete Maravillas del mundo antiguo que ha conseguido sobrevivir hasta la actualidad, nunca deja de asombrar y fascinar a los viajeros lo suficientemente afortunados como para haberlas visto con sus propios ojos. Heródoto, el famoso historiador griego del siglo V a.C., se detiene con mucho detalle en las pirámides en el Libro II de sus *Historias*. De hecho, su trabajo es la fuente de numerosas inexactitudes y estereotipos que todavía se siguen creyendo hoy día. Por ejemplo, la imagen descrita por Heródoto de miles de esclavos obligados a trabajar en la construcción de las pirámides bajo el látigo de crueles capataces para mayor gloria eterna del faraón (Heródoto II, 124-127) es, de hecho, un mito, aunque todo el mundo lo escucha por primera vez ya en su infancia.

Diodoro Sículo, que viajó a Egipto algunos siglos después, nos ofrece una descripción menos imaginativa, pero aun así recurre a algunas de las afirmaciones de Heródoto. Por ejemplo, dice que para construir la pirámide de Khufu «360.000 personas fueron empleadas y la pirámide fue terminada en 20 años», mientras que Menkaure «indignado por la crueldad de sus predecesores, con la esperanza de llevar una vida más honorable y deseando el bienestar de sus súbditos» se decidió por una pirámide más pequeña (Diodoro Sículo, I, 63-54).

Incluso el geógrafo Estrabón, quien viajó a Egipto y navegó por el Nilo hasta la Primera Catarata, dedica unas cuantas páginas a las pirámides de Guiza. Respecto a la mayor de ellas dice: «Hay una roca que puede ser movida», y un poco más adelante comenta acertadamente que las pirámides habían sido construidas utilizando una roca llena de incrustaciones que asemejaban lentejas (Estrabón, *Geográfica*, 17, 1, 33-34), refiriéndose a esos pequeños fósiles con concha llamados nummulites que forman los bloques de roca caliza.

Durante ese período de tiempo extremadamente largo que transcurrió entre la Edad Media y el siglo XVIII, en el que los grandes monumentos del Egipto faraónico fueron olvidados por todos menos por los canteros que los utilizaban cono inextinguible fuente de materiales de construcción, las pirámides de Guiza fueron los únicos monumentos egipcios que los europeos conocían y visitaban.

Anque el Egipto Medio y el Alto Egipto se convirtieron en impenetrables para los europeos, Alejandría siguió siendo el punto de contacto de las dos principales rutas comerciales del mundo conocido por entonces: el camino que atravesaba la India y el Lejano Oriente atravesando el mar Rojo y el Nilo, y la ruta mediterránea seguida por los mercaderes venecianos que controlaban el comercio con Oriente. Fiel a su papel de siglos de antigüedad como gran centro comercial, Alejandría también se convirtió en un punto de paso muy popular para los peregrinos en su camino hacia Tierra Santa, que no podían viajar hacia el interior del país, pero que podían ir con facilidad desde

19, ARRIBA. La cima de la Gran Pirámide fue representada así en esta litografía del pintor Luigi Mayer. Incluso en las primeras imágenes del monumento se puede apreciar la ausencia del piramidión, que se colocaba en el vértice de la pirámide. Los viajeros y primeros turistas dejaron una gran cantidad de grafitos en los bloques de caliza que forman la pequeña plataforma que es la cima Gran Pirámide.

Alejandría hasta El Cairo navegando Nilo abajo.

Los escritores y geógrafos árabes de la Edad Media también se interesaron por las pirámides; sus a menudo fantasiosas narraciones se refieren a amuletos y talismanes, a tesoros ocultos y estatuas de piedras preciosas. Por ejemplo, según Ibraim Ibn Wasif Shah, quien vivió en el siglo XII, «en la pirámide occidental [Khafre] se construyeron 30 almacenes de granito se llenaron con todo tipo de riquezas»; mientras que el historiador al-Massudi, entremezclando estrechamente historia y fantasía, afirma que, en torno a 820, el califa al-Mamun hizo un gran agujero en el pirámide de Khufu, dentro de la cual encontró un pequeño tesoro cuyo valor correspondía exactamente a la suma que había invertido para poder conseguirlo, además de un receptáculo de esmeralda que «ordenó llevar a su tesoro y que era una de las más extraordinarias maravillas nunca fabricadas en Egipto».

El noble veneciano Gabrielle Capodilista, quien viajó a Egipto en 1458 durante su peregrinación a Tierra Santa, nos ofrece una de las primeras descripciones de las pirámides de Guiza, de las cuales dice que son como «los graneros del faraón, las cuales están hechas de piedras cuadradas de simple piedra como la tumba de Rómulo, pero mucho más altas que una torre normal». Al igual que otros muchos peregrinos del período, obsesionados con las referencias bíblicas, creía que las pirámides fueron construidas por José, el hijo de Jacob, para acumular grano para los años de vacas flacas que éste le había profetizado al faraón.

En el famoso planisferio de 1459 del hermano Mauro Camaldolese, las pirámides son el único monumento presente en la descripción de Egipto, y el comentario que las acompaña parece aceptar la interpretación bíblica: «Se dice que estas tres pirámides eran los graneros del faraón». Evidentemente, otros muchos viajeros medievales, como Benjamín de Tudela, que estuvo en Egipto en 1173, y el doctor Jean de Mandeville, compartían opiniones semejantes.

En su *Tratado sobre Tierra Santa*, publicado en 1524, Francesco Suriano describe la pirámide de Khufu como «hecha con la forma de un diamante, como el arca de Noé, toda cubierta de

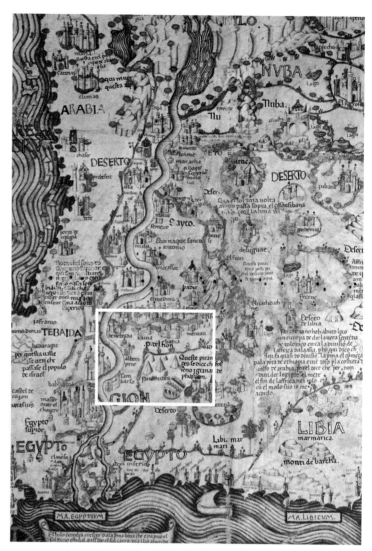

20. *En este famoso mapamundi de 1450, Fray Mauro Camaldolese incluye una de las más antiguas representaciones de Egipto y el curso del Nilo. La fotografía inferior muestra un* detalle del mapamundi, *en donde se pueden ver las pirámides de Guiza junto a un comentario que apoya la tradición bíblica: «Éstas son las pirámides que se dice que eran los graneros del faraón.» (Venecia, Biblioteca Marciana).*

21, ABAJO IZQUIERDA. *La basílica de San Marcos en Venecia contiene una de las más antiguas representaciones de las pirámides, que en aquella época se consideraban graneros de los faraones, como dictaba la tradición bíblica.*

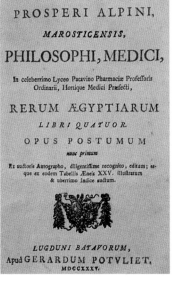

roca desnuda haciendo gala de gran maestría y sin mortero», y admiró la Gran Esfinge, a la que describe como «una cabeza de fino mármol, tan grande como para asombrar a aquellos quienes miran hacia ella: 60 ells [unos 69 metros] de largo, con la oreja de 5 ells de largo, donde las águilas hacen sus nidos; la nariz tiene 10 ells de largo».

En 1582, el cónsul veneciano Giorgio Emo viajó a Egipto con el médico y naturalista Prospero Alpini, que a su regreso a Europa publicó su imprescindible obra *Rerum Aegyptiorum Libri Quatuor*. Alpini se dedica en ella a todo tipo de observaciones científicas, muchas de las cuales tienen que ver con las pirámides de Guiza, realizando uno de los primeros estudios científicos de la pirámide de Khufu, de la cual midió la altura y el perímetro. También subió a la cima del monumento e informó del deterioro de los bloques colocados en el lado norte. La Esfinge, que pensó estaba hueca, también le interesó, así como las pirámide de Khafre y Menkaure, a las que identificó correctamente como antiguas tumbas de reyes.

21, ARRIBA DERECHA. *Fotografía del frontispicio del* Rerum Aegyptiarum Libri Quattuor, *publicado en 1735, una de las más importantes obras médicas y naturalistas del famoso botánico y médico Prospero Alpini.*

21, DEBAJO. *Prospero Alpini visitó Egipto en 1582 en compañía del cónsul veneciano Giorgio Emo, realizando allí el primer estudio científico de la flora y la fauna del país. En Guiza, Alpini estudió y midió la pirámide de Kkufu, además de examinar las otras pirámides del lugar y la Esfinge.*

The Great or False Pyramid.

View of the Pyramids of DASHOUR, & of the Great Pyramid.

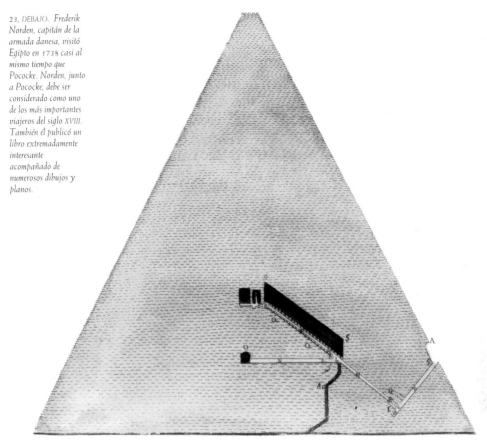

En 1638, John Greaves, un astrónomo inglés, visitó las pirámides de Guiza tomando las primeras medidas precisas de sus monumentos, que publicó posteriormente en su *Pyramidographia*. En 1735, Benoît de Maillet, en su *Description de l'Égypte, contenant plusierus remarques curieuses sur la géographie ancienne*, que contiene una larga y detallada descripción de Egipto, publicó la primera sección precisa de la pirámide de Khufu.

En 1738, Frederik Ludwig Norden, un oficial de la marina al servicio del Cristian VI, rey de Dinamarca, fue invitado a Egipto para que preparara un informe exhaustivo del país. Exploró cuidadosamente la pirámide de Khufu y, no sólo describió la zona arqueológica de Guiza, sino también las pirámides de Sakkara, Dashur y Meidum, de la que dice: «los árabes la llaman la falsa pirámide».

El reverendo Richard Pococke, obispo de Meathe, visitó Egipto entre 1737 y 1738, describiendo las pirámides con gran detalle y precisión, identificando correctamente el emplazamiento de la antigua Menfis, aunque con una teoría bastante fantasiosa, afirmó que los egipcios construyeron las pirámides recubriendo pequeñas colinas con rocas [11]. Pococke también visitó las pirámides de Sakkara, Meidum y Dashur, haciendo unos dibujos bastante precisos de cada una de ellas.

24, ARRIBA. *La pirámide de Meidum aparece representada con exactitud en este dibujo de Dominic Vivant Denon, quien participó en la expedición napoleónica y, a su regreso, publicó la famosa obra* Voyage dans la Basse et la Haute Égypte.

24-25. *Esta vista de las pirámides de Abusir y Sakkara (a la izquierda) y de las de Guiza (a la derecha), fue dibujado por Denon durante la crecida del Nilo, cuando las aguas del río alcanzaban el pie de la meseta caliza de Guiza, al igual que en la época antigua.*

24, DEBAJO. *La perfección arquitectónica de la Gran Galería que conduce a la cámara sepulcral de la pirámide de Khufu generó gran maravilla entre los viajeros del siglo XIX.*

No obstante, los expertos que llegaron con la expedición egipcia de 1798 de Napoleón Bonaparte, incluido el celebrado Vivant Denon, fueron los primeros en estudiar los monumentos del Egipto faraónico de forma metódica y científica. Dedicaron mucho tiempo a las pirámides, de las cuales midieron todos los lados con gran precisión, calculando la altura y los ángulos. El propio Napoleón realizó ciertos cálculos, cuyos resultados fueron confirmados por el matemático Gaspar Monge, quien calculó que con los bloques utilizados para construir las tres pirámides de Guiza se podía edificar un muro de 3,7 metros de altura y 30 centímetros de grosor en torno a Francia.

25, ARRIBA. *Dibujo de la entrada de la Gran Pirámide realizado por Vivant Denon. Hasta 1819 era la única pirámide de las tres que hay en Guiza en donde era posible entrar. Actualmente la entrada se realiza por un pasaje situado unos 15 metros más abajo, excavado por los primeros ladrones de tumbas.*

25, DEBAJO. *Los científicos que acompañaron a la expedición napoleónica, dibujados aquí por Vivant Denon mientras medían la Esfinge, fueron los primeros en dibujar y describir los monumentos del antiguo Egipto con precisión científica. El fruto de su inmensa labor fue publicado en la colosal* Description de l'Égypte, *que consta de nueve volúmenes de texto y once volúmenes de planchas.*

Veinte años después, tras haber tenido un papel destacado en épicas aventuras y grandes descubrimientos, incluido el del gran templo de Abu Simbel y el hallazgo de la tumba de Seti I en el valle de los Reyes, Giovanni Battista Belzoni, el gran viajero de Padua al servicio del cónsul inglés Henry Salt, descubrió la entrada a la pirámide de Khafre, penetrando en el monumento el 2 de marzo de 1818. Aproximadamente por las mismas fechas, el genovés Giovanni Battista Caviglia, un comandante de la marina, también al servicio de Henry Salt, llevo a cabo un largo estudio de la pirámide de Khufu, en la que excavó la llamada cámara de la Reina y exploró la primera de las cinco cámaras situadas por encima del techo de la habitación sepulcral para desviar el peso y la presión sobre la misma. También realizó excavaciones en la Esfinge, a la que liberó parcialmente de la arena que la cubría.

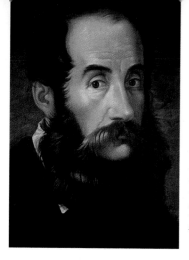

En 1820, Girolamo Segato descubrió la entrada a la pirámide escalonada de Djoser en Sakkara, de la que dibujó un plano y una sección, realizando unos excelentes dibujos de varios detalles de las cámaras subterráneas, que contenían un inmenso apartamento funerario.

El coronel inglés Richard William Howard Vyse también exploró y estudió las pirámides con gran entusiasmo y energía. Entre 1835 y 1837 trabajó con Caviglia y luego con el ingeniero John Shea Perring, quien realizó una

una identificación positiva del faraón asociado con el monumento, confirmando así finalmente la tradición que había llegado desde Heródoto.

Vyse y Perring también exploraron las pirámides subsidiarias de Khufu y Menkaure y sólo el 29 de julio de 1837 realizaron el importante descubrimiento de la entrada a esta última pirámide, hasta entonces oculta. Cuando penetraron por primera vez en el monumento, alcanzaron la cámara funeraria y allí se toparon con un bellísimo sarcófago de basalto con un

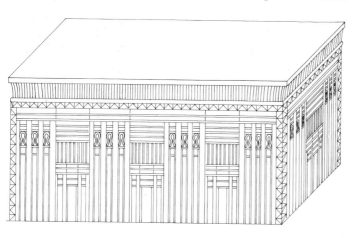

exploración en profundidad de todas las pirámides conocidas por entonces. El trabajo de Vyse y Perring supuso una contribución decisiva al estudio de las pirámides de Guiza; entre otras cosas fueron los responsables del descubrimiento de la entrada exterior del corredor inferior de la pirámide de Khafre y de la exploración de las restantes cámaras de descarga de la pirámide de Khufu. En la última de estas cámaras encontraron un cartucho real que, por primera vez, permitió realizar

relieve en fachada de palacio, mientras que en una cámara superior encontraron un ataúd de madera de una época posterior. Vyse partió hacia Inglaterra un mes después con el sarcófago de madera, que fue donado al Museo Británico. El sarcófago de basalto se perdió cuando el barco que los transportaba hacia el Reino Unido se hundió en el Mediterráneo, junto a las costas de España (Cartagena), en una zona que sólo ha podido identificarse recientemente.

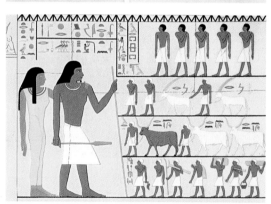

30, DERECHA. *Lepsius dibujó el primer mapa topográfico de las necrópolis de Menfis y se dedicó al estudio de las estructuras internas de las pirámides, desarrollando teorías sobre su construcción en las que suponía que todas las pirámides se construyeron inicialmente como escalonadas y luego fueron siendo ampliadas superponiendo diferentes capas, de modo que su tamaño se correspondería con la duración del reinado del faraón. En Guiza, Lepsius realizó el primer estudio de la decoración mural de numerosas mastabas privadas en los dos grandes cementerios situados a este y oeste de la pirámide de Khufu. Los dibujos muestran los extraordinarios colores y delicadeza de algunas de esas decoraciones, que Lepsius reprodujo de forma cuidadosa y exacta.*

30, IZQUIERDA. *El egiptólogo prusiano Richard Lepsius trabajó en Egipto a la cabeza de una importante expedición entre 1842 y 1845, continuando el trabajo comenzado por Champollion. Lepsius escribió una obra fundamental sobre los monumentos de Egipto, contenida en doce volúmenes que incluyen 894 láminas de gran formato, con dibujos no sólo de muchos monumentos, sino lo que es más importante, de inscripciones y bajorrelieves, que aparecen reproducidos con una extraordinaria precisión.*

Richard Lepsius, que continuó el trabajo de desciframiento comenzado por Champollion, organizó una expedición a Egipto en 1842, navegando Nilo arriba hasta llegar a Meroe y pasó tres años explorando de forma científica todos los monumentos egipcios importantes. Los resultados de su trabajo quedaron recogidos en una obra, *Denkmaeler aus Aegypten und Aethiopien*, que sigue siendo una importante fuente de referencia. Además de estudiar las pirámides, Lepsius trazó el primer y más completo mapa de la necrópolis de el-Lisht, en donde anotó la posición de 64 pirámides, estudiando las de Abusir, Sakkara y Meidum, planteando la teoría de que todas las pirámides eran escalonadas, con los escalones rellenos posteriormente y con un tamaño que se correspondía con la duración del reinado del faraón correspondiente. Además, realizó excavaciones en el templo funerario de la pirámide de Hawara.

En 1858, el fundador del Museo de El Cairo y del primer Servicio de Antigüedades, Auguste Mariette, se dedicó a la excavación y estudio de las zonas arqueológicas de Guiza y Sakkara, la exploración de la mastaba el-Faraun y las grandes mastabas del Reino Antiguo; publicando como resultado obras que todavía son importantes en la actualidad. También fue el responsable del descubrimiento del Serapeo de Sakkara, con las tumbas de los toros sagrados Apis, y de lo que pensó era la tumba del príncipe Khaemwaset, el hijo de Ramsés II (cuya tumba sigue sin ser descubierta).

31. Auguste Mariette (arriba a la derecha), el fundador del Museo de El Cairo, continuó el trabajo de Lepsius en Guiza (fue el descubridor del templo bajo de Khafre) y sobre todo en Sakkara, donde excavó y estudió numerosas mastabas del Reino Antiguo, siendo el primero en explorar la mastaba el-Faraun, la tumba del rey Shepseskaf, el hijo de Menkaure y último faraón de la IV Dinastía, además del complejo donde se enterraron las momias de los toros Apis. En el sector norte de la necrópolis de Sakkara, Mariette descubrió y estudió la mastaba de Hesire, un funcionario de muy alto nivel de la III Dinastía, cuyos espléndidos paneles de madera (izquierda) son una de las más magníficas manifestaciones artísticas del período. En la actualidad están expuestas en el Museo de El Cairo.

32. *La Gran Galería de la pirámide de Khufu, aquí en el famoso dibujo del pintor Luigi Mayer, fue cuidadosamente examinada por Petrie, quien estudió las técnicas utilizadas para cerrar su entrada. Petrie también observó que había una relación entre la altura de la pirámide y el radio de una circunferencia con un perímetro igual al de la base del monumento.*

33, ARRIBA IZQUIERDA. *Sir William Mathew Flinders Petrie excavó y estudió numerosos yacimientos arqueológicos por todo Egipto, realizando una contribución fundamental al desarrollo de la Egiptología. Petrie trabajó en las pirámides de las necrópolis de Menfis desde 1880 hasta 1882, realizando las más cuidadosas mediciones de esos monumentos realizada hasta entonces, utilizando técnicas basadas en el principio de la triangulación e instrumentos bastante sofisticados.*

33, ARRIBA DERECHA. *Jacques de Morgan, nombrado director del Servicio de Antigüedades en 1894, realizó una serie de afortunadas excavaciones en las pirámides del Reino Medio de la zona de Dashur, atribuidas a Sesostris III, Amenemhat II y Amenemhat III. Su descubrimiento más importante fueron las tumbas de las princesas Khnumet e Iti, que contenían un suntuoso ajuar funerario conocido como el tesoro de Dashur. En la actualidad las joyas están expuestas en el Museo de El Cairo.*

hasta Hawara, Meidum, Mazghuna y el-Lahun, donde descubrió los restos de uno de los extremadamente escasos asentamientos urbanos del antiguo Egipto, al que llamó Kahun. En 1920, cerca de la pirámide de Sesostris II, encontró la tumba de una princesa real cuyo extraordinario ajuar funerario no tardó en hacerse famoso como el Tesoro de el-Lahun.

En 1894, el francés Jacques de Morgan, nombrado director del Servicio de Antigüedades egipcio, excavó en las pirámides del Reino Medio en la zona de Dashur y descubrió el llamado tesoro de Dashur en las tumbas intactas de las princesas Khnumet e Iti, cerca de la pirámide de Amenemhat II, mientras que por esas mismas fechas el Instituto

33, CENTRO. *Vista general de la zona de pirámides de Guiza, publicada por Petrie en 1883 en su libro The* pyramids and temples of Gizeh.

33, DEBAJO. *Vista de la pirámide de Hawara en un grabado realizado por uno de sus primeros visitantes, el francés Jacques Rifaud, quien llegó a Egipto en 1805.*

No obstante, el trabajo del egiptólogo inglés William Mathew Flinders Petrie, que estuvo en Egipto en 1880 para comenzar allí una serie de excavaciones sistemáticas, demostró ser el paso más importante hacia el conocimiento científico de las pirámides egipcias. Petrie llevó a cabo una inmensa investigación y publicó una increíble cantidad de informes científicos sobre su trabajo en casi todos los yacimientos egipcios. Con respecto a las pirámides, excavó y realizó un estudio sistemático y completo de la necrópolis de Guiza, publicado en 1883 con el título The *pyramid and temples of Gizeh*. Amplió sus estudios

Francés de Arqueología Oriental (IFAO), llevaba a cabo una expedición a el-Lisht dirigida por Gustave Jéquier y J. E. Galtier, quienes identificaron la tumba de Sesostris I.

Finalmente, a comienzos del siglo XX, el italiano Alessandro Barsanti comenzó a investigar en Sakkara la pirámide de Unas, lo que le llevó a descubrir el templo funerario de este rey y tres importantes tumbas de la época persa. Entre 1905 y 1912, en Zawiet el-Aryan, situado entre Sakkara y Guiza, descubrió una inmensa trinchera rectangular de 21 metros de profundidad que eran los restos de una enorme pirámide de la IV Dinastía.

PIRÁMIDES Y MASTABAS

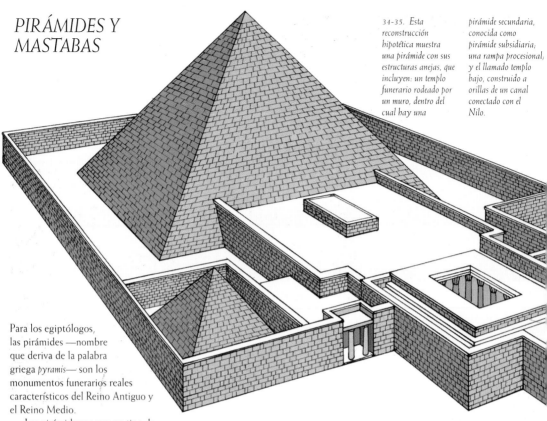

34-35. Esta reconstrucción hipotética muestra una pirámide con sus estructuras anejas, que incluyen: un templo funerario rodeado por un muro, dentro del cual hay una pirámide secundaria, conocida como pirámide subsidiaria, una rampa procesional; y el llamado templo bajo, construido a orillas de un canal conectado con el Nilo.

Para los egiptólogos, las pirámides —nombre que deriva de la palabra griega *pyramis*— son los monumentos funerarios reales característicos del Reino Antiguo y el Reino Medio.

Las pirámides no son un tipo de edificio exclusivo de Egipto, pues otras culturas también las construyeron, incluidos los sumerios, los asirio-babilonios y numerosas civilizaciones americanas. No obstante, lo que caracteriza a las pirámides egipcias y las diferencia de las de otras culturas es su función como tumbas reales.

Las pirámides, que los antiguos egipcios llamaban *mer* y escribían con el jeroglífico, pueden dividirse en pirámides escalonadas y pirámides de caras lisas, que son una evolución de las primeras. En ambos casos, las pirámides son el elemento principal, aunque no el único, del llamado «complejo funerario», que en su forma más desarrollada, a partir de la IV Dinastía, incluía otras estructuras esenciales con significados teológicos y simbólicos especiales: el templo funerario, muro del recinto, rampa procesional, templo del valle y pirámides subsidiarias. A partir de esta época, las pirámides comenzaron a recibir nombres, utilizando frases no verbales que el egiptólogo francés Gustave Lefèbvre cree que describen al propio rey: por ejemplo, las tres pirámides de Guiza se llaman «Khufu pertenece al horizonte», «Khafre es grande» y «Menkaure es divino».

Las pirámides, una manifestación en piedra de los rayos del sol, fueron utilizadas para albergar y proteger la momia real. Están construidas en tres ejes: el vertical, que conectaba el cielo y la tierra, así como al faraón con su padre divino Ra, con el que tenía que estar unido eternamente; el norte-sur, o eje polar, que corre paralelo al Nilo, que va de norte a sur desde el Alto hasta el Bajo Egipto y que está relacionado con la función real; y el eje este-oeste, o eje celeste, paralelo al recorrido diario del sol, que amanece, se oculta y renace eternamente, regenerándose a sí mismo cada día.

En la pirámide, el eje regio polar queda expresado mediante la entrada, localizada en la cara norte, y en el corredor descendente, que se dirige hacia el sur, hasta la cámara del sarcófago. En ocasiones esta dirección queda señalada en el exterior mediante la llamada pirámide subsidiaria, que por lo general se sitúa al sureste y también servía como

35, ARRIBA. *La rampa procesional de la pirámide de Khafre (al fondo) conecta el templo bajo con el templo funerario, construido en la cara este de la pirámide y todavía en unas excelentes condiciones. A la derecha se encuentran la Esfinge y la pirámide de Khufu.*

35, DEBAJO. *El templo bajo de Khafre, construido a base de largos y perfectamente aparejados bloques de granito, es el más bello ejemplo de este tipo de edificio, utilizado para albergar los restos mortales del rey antes de ser enterrados. Durante mucho tiempo se ha debatido si el templo bajo también era utilizado para el embalsamamiento, pero los estudios más recientes no apoyan esta teoría.*

34, DEBAJO. *Las ruinas del complejo funerario de Khafre no expresan adecuadamente la magnificencia del edificio, que ocupa una superficie tres veces mayor que la del templo bajo y fue construido con un gran patio columnado, que precedía al santuario y las salas de ofrendas. Estos templos funerarios se utilizaban para el culto del rey deificado, que ponía en contacto lo humano y lo divino para garantizar el orden continuado del mundo.*

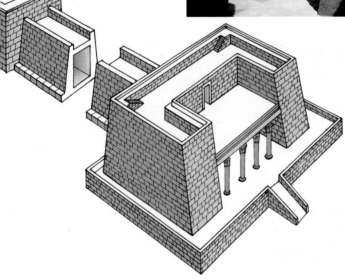

cenotafio, un vestigio de los orígenes en Abydos de los reyes predinásticos.

El eje este-oeste, celeste y solar, está relacionado con el concepto de resurrección. El templo funerario estaba localizado en la cara este de la pirámide, donde los vivos realizaban el culto al rey muerto, que se había vuelto divino, garantizando así el orden sobre la tierra, del mismo modo en que la unión del mundo terreno con el reino celeste tiene lugar mediante la función real. El templo funerario estaba precedido por un patio de ofrendas y por un vestíbulo en donde se reunieran importantes dignatarios para el funeral del rey.

Los tres elementos estructurales de la pirámide, la pirámide subsidiaria y el templo funerario, estaban rodeados por un muro conocido como *temenos*, que delimitaba y separaba la zona sagrada del resto del complejo.

Una rampa procesional llevaba desde el templo funerario hasta el templo del valle, expresando el paso del rey desde el mundo de los vivos hasta la pirámide, al oeste; del mismo modo en que el sarcófago de la cámara funeraria se encuentra situado al oeste. El templo del valle, emplazado al borde de un canal conectado con el Nilo, era utilizado para albergar al faraón muerto durante los ritos de embalsamamiento y purificación anteriores al enterramiento.

Las estructuras portuarias (embarcaderos, muelles, etc.) se utilizaban durante la construcción de la pirámide, proporcionando un lugar en donde los barcos que transportaban losas de caliza y bloques de granito podía atracar.

No se sabe dónde era embalsamado el rey difunto. Es difícil de imaginar que este largo proceso tuviera lugar en el templo del valle, pero los conocimientos actuales sobre el Reino Antiguo no bastan para confirmar o negar las distintas hipótesis.

En cualquier caso, el cuerpo del faraón era lavado y purificado en una estructura especial llamada la «tienda de purificación» o *ibw*, siendo momificado posteriormente en la «casa de regeneración» o *per nefer*. El funeral tenía lugar posteriormente, junto al enterramiento del soberano.

LA PIRÁMIDE ESCALONADA

Las pirámides escalonadas son anteriores a las pirámides de caras lisas y son el reflejo de unos conceptos religiosos y teológicos distintos.

La pirámide escalonada no era realmente un símbolo del sol, sino más bien una gigantesca escalera destinada a facilitar el acceso al cielo del alma del faraón. Su cuerpo mortal no quedaba depositado dentro de una cámara funeraria situada en el núcleo de la pirámide, sino en un pozo cubierto por la propia pirámide.

36, ARRIBA. *La pirámide escalonada de Sakkara es el primer ejemplo de este tipo de estructura arquitectónica que se conoce en Egipto. La pirámide escalona, que es el resultado de numerosas ampliaciones y en un principio fue una mastaba, representa una gigantesca escalera que facilita el ascenso al cielo del alma del faraón.*

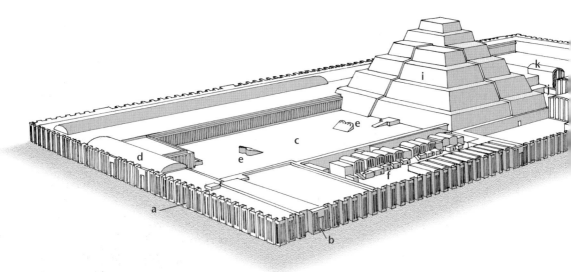

Al igual que las pirámides de caras lisas, las pirámides escalonadas contienen estructuras conectadas que forman el complejo piramidal, como el muro del recinto y el templo funerario, pero faltan la calzada procesional y el templo del valle. Además, la parte meridional del muro del recinto —mucho más grande que los de las pirámides verdaderas— contiene una tumba secundaria de función incierta, pero que puede haber sido utilizada como tumba de las vísceras reales o como cenotafio; en cualquier caso, estaba conectada con el sur y con el eje polar. Estas tumbas secundarias terminaron convirtiéndose en las pirámides subsidiarias.

36, CENTRO. *El ejemplo típico de pirámide escalonada es la de Djoser en Sakkara, en donde es posible ver todas las estructuras arquitectónicas anejas, gracias a la labor de restauración realizada bajo la dirección del arquitecto francés Jean-Philippe Lauer. La mayoría de ellos fueron empleados para evocar a* la fiesta Sed (o Hebsed), *que tenía lugar durante el trigésimo año de reinado del faraón y estaba conectada con el concepto de regeneración y renovación del poder real. Mediante estas estructuras, el alma del faraón podía continuar celebrando la fiesta Sed por toda la eternidad, renovando así su poder.*

a. *Muro del recinto en fachada de palacio*
b. *Entrada*
c. *Patio Sur*
d. *Tumba Sur*
e. *Edículos en forma de D*
f. *Patio de la fiesta Sed con capillas relacionadas*
g. *Casa del Sur*
h. *Casa del Norte*
i. *Pirámide Escalonada*
j. *Patio del serdab*
k. *Templo funerario (modificado de Stadelmann)*

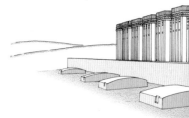

LA MASTABA

37, ARRIBA. *La mastaba Faraun, localizada en la parte sur de la necrópolis de Sakkra y construida para el faraón Shepseskaf, el hijo de Menkaure, es un espléndido ejemplo de mastaba, una palabra egipcia que significa «banco de piedra», refiriéndose a la forma externa de este tipo de monumento, que precede en el tiempo a la pirámide escalonada.*

La mastaba —palabra árabe que significa «banco de piedra»— era una tumba mucho menos compleja que las descritas hasta ahora. Consistía básicamente en dos partes. La parte más profunda era el pozo funerario, flanqueado en ocasiones por un amplio número de cámaras utilizadas para almacenar ajuar funerario y que era cuidadosamente sellado después de introducir en él el cuerpo del difunto, mientras que la superestructura contenía la capilla de ofrendas y los almacenes. En las primeras mastabas, el difunto y su ajuar funerario eran introducidos desde arriba antes de que se construyera el tejado. No fue hasta mediados de la I Dinastía cuando, en la mastaba de Den en Sakkara, apareció un corredor de acceso que llevaba hasta la cámara funeraria e hizo posible enterrar al difunto en la tumba después de que ésta fuera completamente terminada.

Los reyes del dinástico temprano fueron enterrados en enormes mastabas de ladrillo sin cocer. Localizadas en la parte norte de Sakkara y en Abydos, en el Alto Egipto, estaban rodeadas por un sólido muro de ladrillos sin cocer decorado en fachada de palacio —precursor del tipo utilizado posteriormente en las pirámides escalonadas de los complejos funerarios reales de la III Dinastía—. Estas tumbas reales eran rectangulares, con su parte más larga de entre 40 y 60 metros de longitud, mientras que los lados cortos tenían unos 20 metros de largo. La superestructura de las mastabas también estaba decorada en fachada de palacio.

37, CENTRO. *Las mastabas, de las cuales se muestra aquí una sección imaginaria, en su forma más sencilla consistían en una zona subterránea compuesta por un pozo (a) y una sala para el sarcófago (b), y una superestructura rectangular de gran tamaño en la que se encontraban la capilla de ofrendas (c) y el serdab (d), un espacio cerrado que contenía una estatua del difunto (e), que podía comunicarse mágicamente con el mundo exterior mediante una pequeña abertura.*

37, DEBAJO. *Reconstrucción hipotética de una mastaba real de la I Dinastía, basada en los datos obtenidos por las excavaciones realizadas en la necrópolis arcaica situada en la zona norte de Sakkara. Las mastabas de este período eran complejas y estaban rodeadas por un muro de ladrillos sin cocer con decoración en fachada de palacio.*

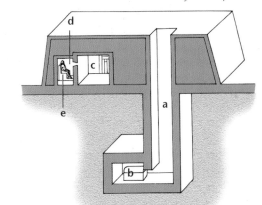

Esta característica desapareció en la II Dinastía, siendo reemplazada por fachadas pintadas con colores pálidos, mientras que en la cara este se añadieron nichos que parecen haber sido los precursores del templo funerario, que se desarrollaría después en la III Dinastía.

Al contrario que las pirámides, que estaban reservadas para la realeza, las mastabas también se utilizaban para los enterramientos de personas importantes, como dignatarios, miembros de la corte o familiares del faraón.

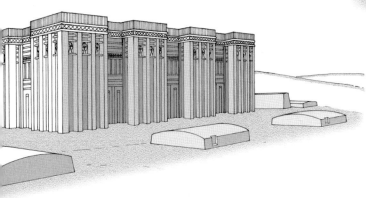

LAS MASTABAS DE PARTICULARES

A partir de la IV Dinastía, en las mastabas de particulares las habitaciones funerarias quedaron reducidas a una sencilla cámara, mientras que la superestructura, utilizada para realizar ofrendas al difunto, se volvió más compleja y era construida con bloques de piedra. Durante este período, en ocasiones contaban con numerosas estancias (en la mastaba de Mereruka hay 32 de ellas) decoradas con bajorrelieves que pueden llegar a ocupar una superficie de 1.000 metros cuadrados.

El tema de los relieves, generalmente coloreados, podían ser los siguientes: funerario (presentación de ofrendas al difunto, escenas de banquetes funerarios con música y bailarines, etc.); agrícola (prensado de las uvas, trabajo en los campos, preparación de comidas y bebidas, la vida de los animales, etc.); el trabajo de artistas y artesanos (el trabajo del oro y los metales, carpintería, etc.); la caza y la pesca (en el desierto y las marismas); o náutico. Por lo general el difunto aparece representado supervisando todas esas actividades, mientras le

alma del difunto pudiera salir de ella mágicamente para disponer de las ofrendas funerarias realizadas en su beneficio.

Otra estructura de la mastaba era el *serdab*, que se utilizaba para conectar el mundo de los vivos con el de los muertos. El *serdab*, una palabra árabe que significa «sótano», era una habitación completamente cerrada que contenía una estatua a tamaño natural del difunto que se podía comunicar mágicamente con el mundo exterior mediante una pequeña abertura en el muro frontal.

38, IZQUIERDA. La estela de falsa puerta, llamada así porque imita a una puerta con jambas, dintel y, por lo general con el nombre del difunto grabado en ella, es uno de los elementos más característicos de las mastabas del Reino Antiguo. Mediante este dispositivo, el difunto podía permanecer mágicamente en contacto con el mundo de los vivos.

38, CENTRO. En la zona de las pirámides de Guiza hay numerosas tumbas particulares de altos dignatarios o de miembros de la familia real. Ser enterrado cerca de la tumba del rey era un gran privilegio, pues ello hacía posible compartir su destino inmortal.

38, DERECHA. Los muros de las capillas de las mastabas privadas están decorados con bajorrelieves, por lo general policromos, con escenas inspiradas en aspectos de la vida diaria o las actividades terrenales del difunto. Entre los temas más curiosos están el cebado de hienas (arriba, tumba de Mereruka, Sakkara), mientras que las escenas náuticas con imágenes de barcos

navegando por el Nilo son relativamente habituales (centro arriba, tumba de Mereruka, Sakkara), al igual que los son los juegos náuticos. Algunos de los temas más comunes incluyen la matanza y despedazamiento de reses (centro debajo, tumba de Mereruka, Sakkara; debajo, tumba de Niankhnum y Khnumhotep, Sakkara).

acompañan su esposa y en ocasiones sus hijos.

Un elemento fundamental en la organización interna de la mastaba es la estela de falsa puerta, situada en la pared oeste de la habitación principal, detrás de la mesa de ofrendas. En ella aparecen grabadas fórmulas de ofrenda y una imagen del difunto, por lo general acompañado por su esposa, junto con su nombre y títulos; suele aparecer sentado delante de una mesa de ofrendas. La estela de falsa puerta puede haber estado localizada por encima de la cámara funeraria subterránea, de modo que el

39, ARRIBA. *Foto de la pirámide de Khafre (derecha) y la de Khufu (izquierda) vistas desde el oeste. Las mastabas privadas que forman el cementerio oeste son visibles tras la pirámide de Khufu. La posición de estas tumbas, que se alinean de forma ortogonal en líneas paralelas, ciertamente sigue un patrón preciso.*

LAS NECRÓPOLIS DE LOS PARTICULARES

Por lo general, las mastabas privadas de dignatarios, miembros de la familia real y cortesanos se construían cerca de la pirámide, donde formaban grandes necrópolis en las que las tumbas estaban cuidadosamente localizadas y organizadas por sacerdotes que administraban el espacio disponible, alineando las tumbas de forma ortogonal, creando así calles que se

39, DEBAJO. *Las pirámides de Guiza, vistas aquí desde el noroeste, fueron construidas sobre una meseta desértica de caliza por encima de la llanura inundable del Nilo, de modo que cuando el río se desbordaba, sus aguas lamían el borde de la meseta, pero nunca alcanzaban la necrópolis. Un sistema de canales conectados con el Nilo hacía posible el uso de barcos para alcanzar tanto los templos bajos, donde había amarraderos, como los puertos construidos para los grandes barcos que transportaban los bloques de caliza de Tura, empleados para recubrir la pirámide (la cantera de donde se extraía este material se encontraban a sólo unos kilómetros, pero en la otra orilla del río). De este modo, los barcos podían acercarse lo más posible al sistema de rampas que comunicaba el puerto con el edificio en construcción. A la izquierda de la fotografía se encuentra la pirámide de Khufu, con el cementerio oeste; en el centro, la pirámide de Khafre y a la derecha, la pirámide de Menkaure.*

intersectaban en ángulo recto, como se puede ver en las necrópolis localizadas al este y oeste de la pirámide de Khufu en Guiza.

El permiso para construirse una mastaba cerca de la pirámide del faraón era considerado un gran privilegio, y era un signo de la estima del soberano que éste concedía como un gran privilegio, pues permitía al difunto beneficiarse del poder de resurrección divino, que el rey difunto disponía para la eternidad, mientras compartía el trono celeste con su padre Ra.

LA CONSTRUCCIÓN
DE UNA PIRÁMIDE

40-41. Las fases de la preparación y el transporte de ladrillos sin cocer aparecen representadas en las paredes de la tumba del visir Rekhmire (TT 100)[14] en Tebas. Los ladrillos de adobe eran el material de construcción más utilizado por la arquitectura egipcia.

40, ARRIBA. El codo real (0,542 m), que podemos ver aquí en forma de barra de madera, era la unidad de medida utilizada en el antiguo Egipto. A su vez, el codo estaba dividido en palmos y dedos. Evidentemente, todas las dimensiones de los monumentos egipcios están basadas en esta unidad de medida (Turín, Museo Egipcio).

A pesar del elevado número de bajorrelieves que representan imágenes de la vida diaria en el Reino Antiguo, ninguno de ellos nos muestra escenas de cómo se construían las pirámides, que seguramente era un acontecimiento que se consideraba tan único que no podía ser reproducido. De modo que no poseemos documentos que ilustren las técnicas utilizadas, sobre las cuales sólo podemos teorizar, basándonos en datos objetivos y en la información recogida en los yacimientos arqueológicos.

Las pinturas y bajorrelieves de algunas tumbas, sobre todo del Reino Nuevo, nos proporcionan una clara información sobre las técnicas utilizadas para producir ladrillos sin cocer[13], esculpir grandes estatuas y mover enormes pesos utilizando planos inclinados. Se considera que estas técnicas no difieren mucho de las que se

41, CENTRO. *El famoso Papiro matemático Rhiud, llamado así por el viajero que lo encontró, contiene una serie de problemas aritméticos y geométricos, que nos proporciona una preciosa información sobre los conocimientos científicos de los egipcios.*

41, DEBAJO. *La plomada se utilizaba para asegurarse de que los bloques de piedra o los muros en construcción eran perfectamente verticales.*

40, IZQUIERDA. *Éstos son algunos de los instrumentos utilizados por los albañiles del antiguo Egipto. Arriba podemos ver un utensilio de cobre utilizado en la pirámide de Khufu, que se cree era un clavo (Londres, Museo Británico). Esta plomada era utilizada para comprobar la horizontalidad de un bloque de piedra o un muro (Museo de El Cairo). Debajo podemos ver un martillo de madera y un cincel de cobre, utilizados para cortar y labrar los bloques de piedra (Turín, Museo Egipcio).*

Las medidas se basaban en una unidad conocida como el codo real, que tenía 0,542 m de largo y estaba dividido en 7 palmos (un palmo corresponde aproximadamente a 7,5 cm), que a su vez se dividía en 4 dedos, cada uno de ellos de 1,9 cm de largo. Para expresar el ángulo de una línea utilizaban el concepto del *sekhed*, definido como la distancia horizontal del ángulo expresada en palmos y dedos cuando la altura es igual a un codo real.

Durante la construcción, los arquitectos utilizaban instrumentos sencillos pero efectivos para verificar la dirección y los ángulos, como la escuadra, el *bay* (una especide de pequeña plomada), y el *merkhet*, un instrumento que consistía en una vara de madera con una muesca en V en un extremo que hacía posible utilizarlo para observar objetos.

La única narración que sobre los métodos y técnicas de construcción utilizados por los egipcios es la que nos proporciona Heródoto (*Historias*, II, 124-125), que hace unas cuantas afirmaciones fantasiosas y poco fiables. No obstante, incluye alguna información precisa que debe ser tenida en cuenta. Según Heródoto, 100.000 personas trabajaron durante veinte años para construir la pirámide de Khufu, con otros diez años pasados inicialmente para preparar el terreno para la construcción, las estructuras portuarias (muelles, amarraderos, entre otros), la rampa y las estructuras subterráneas.

Es bastante probable que el número de años que afirma fueron necesarios para construir la pirámide sea exacto, pero no lo es en absoluto la cifra de trabajadores implicados en la operación. Según Petrie fue cercano a los 5.000-6.000 personas, mientras que otros autores calculan cifras más altas, como las 15.000-16.000 personas de G. Goyon, o las 30.000 a las que llegan otros especialistas.

pudieron utilizar durante el Reino Antiguo.

Además, se ha encontrado muchas herramientas, incluidos martillos de madera, cinceles de cobre y bronce, picos de piedra con asas de madera e instrumentos de madera, todo lo cual nos permite hacernos una idea del modo de trabajar y de las técnicas utilizadas por los constructores egipcios, que poseían un evidente conocimiento avanzado de matemáticas y geometría, como demuestran la precisión de sus estructuras y las fuentes escritas.

De hecho, en el Museo Británico se conserva el *Papiro matemático Rhind*, que data del Segundo Período Intermedio e incluye una serie de problemas aritméticos y geométricos como: «Una pirámide tiene 93 codos 1/3 de altura. ¿Cuál es el ángulo si la altura de su cara es 140 codos?» Un estudio de este papiro ha dejado claro, que los antiguos egipcios conocían y utilizaban de forma práctica lo que luego se ha llamado el Teorema de Pitágoras, si bien nunca lo enunciaron o teorizaron sobre él.

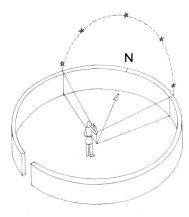

No es éste el lugar para entrar en detalle sobre los métodos y técnicas utilizadas para la construcción de las pirámides, o para examinar todas las teorías relacionadas con estas cuestiones, de modo que nos limitaremos a describir las principales etapas de la edificación de estos monumentos y a mencionar las dos principales teorías que la explican.

Tras elegir el lugar y preparar un plano que tenía en consideración varios parámetros esenciales (longitud de los lados, altura y ángulo de las caras), se utilizaba el *merkhet* para determinar la posición de la pirámide, que tenía que tener en cuenta factores como su alineación respecto a otras pirámides o lugares considerados sagrados; seguidamente el terreno era preparado y nivelado, siendo utilizados bloques de caliza local para el núcleo. Al mismo tiempo, otros equipos iban construyendo el «puerto de la pirámide» sobre un canal especialmente excavado a partir del Nilo para que permitiera alcanzar las necrópolis, preparando los muelles y amarraderos para que los

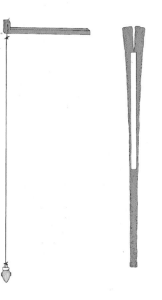

42, IZQUIERDA.
Reconstrucción de dos instrumentos, el merkhet (derecha) y el bay (izquierda) utilizados por los arquitectos egipcios ya en el Reino Antiguo. Eran utilizados para determinar la posición exacta del norte astronómico (arriba) observando la posición de una estrella concreta en el momento de su aparición y su ocaso por el horizonte, con la ayuda de un horizonte artificial consistente en un muro curvo.

42, DEBAJO. *Este dibujo ilustra la teoría de la rampa frontal, que para Lauer fue la utilizada para construir las pirámides. Según el edificio crecía en altura, la rampa se iba estrechando y alargando.*

42-43. *Este bajorrelieve descubierto por Wilkinson, se encuentra en la tumba de Djehutihotep, un funcionario de alto rango del Reino Medio enterrado en la necrópolis de el-Bersha, en el Egipto Medio. Muestra el transporte de una estatua colosal por medio de un trineo de madera arrastrado por 172 personas. La fricción era reducida mediante una mezcla de agua y limo. Con este sistema y en condiciones ideales, el peso del objeto a transportar se reducía a una décima parte.*

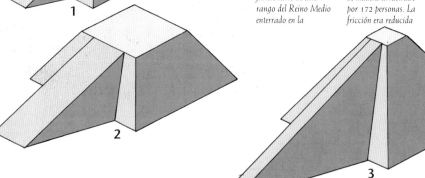

1

2

3

barcos pudieran atracar cerca de la obra. La obra era conectada de inmediato a las estructuras del puerto mediante una o más rampas, gracias a las cuales los trineos cargados de bloques de piedra podían alcanzar fácilmente la construcción. Al mismo tiempo, equipos de canteros trabajaban en las grandes calizas de cantera de Tura, situadas en la otra orilla del Nilo, en los actuales barrios de Maadi y Helwan en El Cairo. Tura era famosa por la calidad de su ligera caliza, que fue utilizada para recubrir casi todas las pirámides.

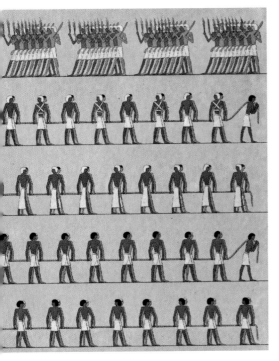

Seguidamente se marcaban con precisión en el suelo la posición de los lados y los ángulos, después de determinar con mucha exactitud el norte astronómico, que era identificado observando la Osa Mayor, que los antiguos egipcios llamaban *meshtyw/meshtin*, «constelación del arado», y la constelación de *sah* u Orión. Para la pirámide de Khufu, el norte fue determinado con una desviación de sólo 3'6". Era entonces cuando se celebraba la ceremonia de la fundación: tras clavar estacas en las esquinas, el rey llevaba a cabo un ritual documentado ya en la II Dinastía y conocido como *pedj shes*, «estiramiento de la cuerda». Consistía en colocar una cuerda entre las estacas de las esquinas. Tras purificar el lugar, el soberano colocaba amuletos y otros objetos rituales en un pequeño pozo (el depósito de fundación) y por último colocaba la primera piedra. Era entonces cuando comenzaba el verdadero trabajo. Éste era realizado por numerosos equipos, los nombres de los cuales han sido encontrados en varios bloques de la pirámide de Khufu. Preparaban el núcleo de la pirámide, colocaban las piedras angulares, los bloques del recubrimiento y construían las habitaciones funerarias y las rampas que hacían posible el transporte de los bloques de caliza hasta la cima de la pirámide.

Las innumerables teorías propuestas para explicar cómo se construyeron estas rampas, sobre las cuales no se posee una información precisa [15], se

43, DEBAJO IZQUIERDA. *Reconstrucción hipotética del funcionamiento de un elevador oscilante, una de las máquinas que pueden haber sido utilizadas para subir bloques de piedra. El debate entre los investigadores que afirman que hubo máquinas u «operarios de máquinas» para subir las piedras y los que están a favor de la teoría de la rampa o «los trabajadores de la rampa» todavía sigue vivo.*

43, DEBAJO DERECHA. *Este objeto, que data del Reino Nuevo, ha sido interpretado como un modelo de un elevador oscilante. No obstante, no se han encontrado objetos semejantes en ninguna tumba del Reino Antiguo y existen muchas dudas sobre la función real de estas máquinas (Museo de El Cairo).*

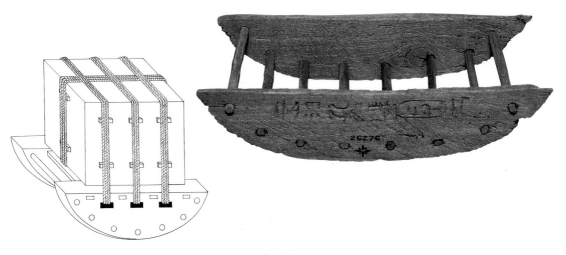

pueden dividir en dos grupos básicos: teorías que suponen el uso de una única rampa perpendicular a una de las caras de la pirámide, y teorías que suponen el uso de una rampa helicoidal que rodea al edificio. Se han propuesto innumerables variaciones de ambas teorías, apoyadas en argumentos válidos. Recientemente se ha propuesto una teoría bastante posible, según la cual primero se utilizaron numerosas rampas pequeñas, tras lo cual se utilizó una única rampa perpendicular a una cara de la pirámide. Ni siquiera se sabe qué

44, ARRIBA. *Este bajorrelieve de la tumba de Rekhmire (Tebas, TT 100) ilustra una de las fases de la fabricación de ladrillos de adobe, utilizando pequeños moldes de madera. Una técnica que todavía se utiliza en Egipto en la actualidad.*

44, CENTRO. *Además de la rampa frontal, otros tipos de rampa se han propuesto para la construcción de las pirámides, como las rampas laterales de Hölscher (a) o la rampa envolvente de Goyon (b y c). La rampa envolvente posee una ventaja sobre la frontal, pues es más pequeña, pero al mismo tiempo plantea el problema de tener que hacer giros pronunciados cuando se arrastran las piedras. No obstante, el gran problema de las rampas es que en sí mismas son unas estructuras inmensas, casi tan grandes como las propias pirámides y que tenían que ser desmontadas cuando se terminaba la construcción.*

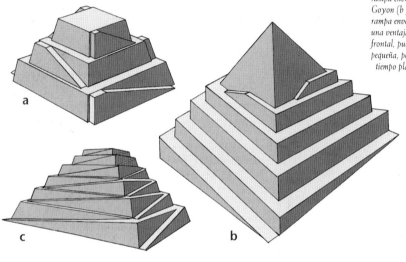

material se utilizó para construir la rampa, aunque es probable que se utilizaran adobes reforzados con troncos de palmera [16]. Por otra parte, dado que esos procedimientos están recogidos en los bajorrelieves de las tumbas de la época, sabemos con seguridad que los grandes bloques de piedra caliza que forman la pirámide eran arrastrados encima de trineos de madera, cuyas cuchillas eran lubricadas para facilitar el deslizamiento. También se ha sugerido que los bloques eran elevados no sólo mediante palancas, sino también con máquinas, mencionadas también por Heródoto (*Historias*, II, 125), como el «elevador

de Croon» o elevador oscilante, una maqueta del cual fue encontrada en tumbas del Reino Nuevo.

Una vez que los grandes bloques de caliza estaban en su sitio, se colocaba el recubrimiento final de caliza de Tura, que hoy día sólo podemos ver en la parte superior de la pirámide de Khafre; por último se colocaba un gran monolito de granito o basalto, conocido como *piramidión*, en la punta de la pirámide: se ha calculado que el de la pirámide de Khufu pesaba unas siete toneladas.

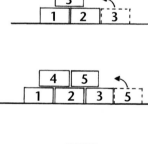

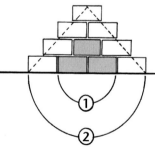

LOS CONSTRUCTORES DE LAS PIRÁMIDES Y LAS CIUDADES DE LAS PIRÁMIDES

La precisión con la que están construidas las pirámides nos lleva a pensar que, además de las categorías especializadas de los astrónomos, supervisores, arquitectos y maestros albañiles, también hubo profesionales y simples trabajadores que, al contrario de lo que afirma Heródoto, no eran esclavos, sino campesinos. Es probable que esta labor fuera obligatoria, pero el trabajo se pagaba con comida y bebida. Las condiciones en la obra ciertamente eran duras y peligrosas, aunque sólo fuera por los enormes bloques de piedra que eran manejados; pero los trabajadores recibían su ración de comida tres veces al día, con un día de descanso cada diez de trabajo [17].

Poco más se conoce de la organización social de esta comunidad de trabajadores, que probablemente viviera en asentamientos cercanos a la obra conocidos como «ciudades de las pirámides». No obstante, recientemente se ha descubierto el muro de basalto de una de estas ciudades, situada a 2,4 kilómetros al este de la pirámide de Khufu, y una necrópolis situada a unos cientos de metros al sur de esta misma pirámide, con las tumbas sobre todo de maestros albañiles y personas que tuvieron un cargo importante en la obra. El estudio de las tumbas de esta necrópolis, analizadas hasta ahora, unas sesenta, ciertamente arrojará nueva luz sobre este aspecto aún poco conocido de la organización del trabajo durante el Reino Antiguo.

45, IZQUIERDA. La decoración de la tumba de Rekhmire (Reino Nuevo, XVIII) Dinastía) también contiene imágenes de la técnica utilizada para esculpir grandes estatuas. La técnica utilizada en el Reino Antiguo debió ser similar.

45, DERECHA. Este utensilio de cobre encontrado en Guiza probablemente fuera utilizado durante la IV Dinastía para tallar piedra caliza (Londres, Petrie Museum).

44, ABAJO DERECHA. Según la teoría de Crozat, la pirámide fue construida mediante la superposición progresiva de las hiladas exteriores sobre el núcleo original. Este procedimiento implicaba un continuo cambio de función en los bloques utilizados para la construcción de las distintas hiladas añadidas a la pirámide. Primero servían como bloques de superficie y luego como bloques de soporte, proporcionando así una explicación para el uso de Heródoto de diferentes nombres para esos bloques: bomides y crossai (véase Historias, II, 125). El uso de palancas o máquinas que, según Heródoto, estaban formadas por cortos travesaños y se situaban en los escalones de la pirámide en constante crecimiento, hizo posible elevar y colocar en posición bloques de caliza con un peso medio de 2,5 toneladas cada uno de una forma práctica y económica, eliminando la necesidad de rampas exteriores.

LAS PIRÁMIDES Y NECRÓPOLIS DE GUIZA

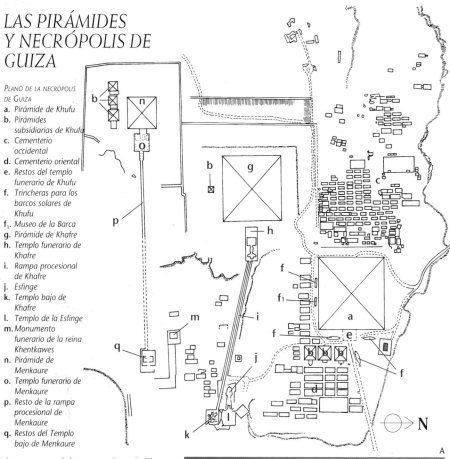

A unos pocos kilómetros al sur de El Cairo, a varios cientos de metros de la parte más meridional de la ciudad, un afloramiento de caliza se elevaba abruptamente desde el otro lado de una meseta desierta arenosa, dominada por la imponente e inconfundible forma del último monumento superviviente de los que formaban la lista compilada por Filón de Bizancio en el siglo II a.C., inspirado por el poeta Calímaco. Conocida como las Siete Maravillas del mundo antiguo, la lista ha sobrevivido hasta el presente e incluye las pirámides de Khufu (Keops), Khafre (Kefrén), Menkaure (Micerino) y la Gran Esfinge.

Los antiguos egipcios llamaban a este lugar imentet, «el oeste», o kher neter, «la necrópolis». Dos mil años después, el lugar se conoce como Guiza, a partir del nombre de una ciudad fundada en el siglo VII, y se ha convertido en un populoso barrio de El Cairo. Todavía hoy lo domina un aura de magia y misterio, donde repentinamente desaparecen todo el ruido y el clamor de la ciudad en un silencio interrumpido

A

B

A. Las pirámides de Guiza vistas desde el sur. En primer plano se ven las tres pirámides subsidiarias de Menkaure.

B. La pirámide de Khufu vista desde el sureste, con el Museo de la Barca, las pirámides subsidiarias y el cementerio oriental. En primer plano se encuentra el templo bajo de Khafre.

sólo por los susurros del viento por entre la arena.

Guiza era la necrópolis más septentrional de la zona de Menfis[18] y la más importante durante la IV Dinastía, cuando se construyeron las grandes pirámides, pero se trata de una zona que contiene también tumbas desde la I hasta la III Dinastía y posteriores.

La fama y extraordinaria naturaleza de las pirámides de Guiza han convertido a este lugar en el símbolo de Egipto y, junto al valle de los Reyes, es la atracción más popular del país para los turistas de todo el mundo. No obstante, aunque las pirámides y la Esfinge son de lejos los monumentos más conocidos de Guiza, no conviene olvidarse de que la zona también contiene una enorme necrópolis de particulares, consistente sobre todo en tumbas de dignatarios de la IV Dinastía, con las paredes decoradas con exquisitos bajorrelieves.

C. En ciertas tumbas de Guiza se han encontrado esculturas de bulto redondo en caliza que reproducen los rasgos del difunto, como ésta que vemos aquí, perteneciente a un miembro de la familia de Khafre. Se cree que pueden haber tenido la función mágica de actuar como sustitutos del difunto (Museo de El Cairo).

D. En Guiza se han encontrado algunas estatuillas de caliza pintada que parecen estar inspiradas en escenas de la vida diaria. La mayoría de ellas pertenecen a la V Dinastía, como ésta, que representa a una mujer que prepara la pasta de cebada utilizada para hacer cerveza.

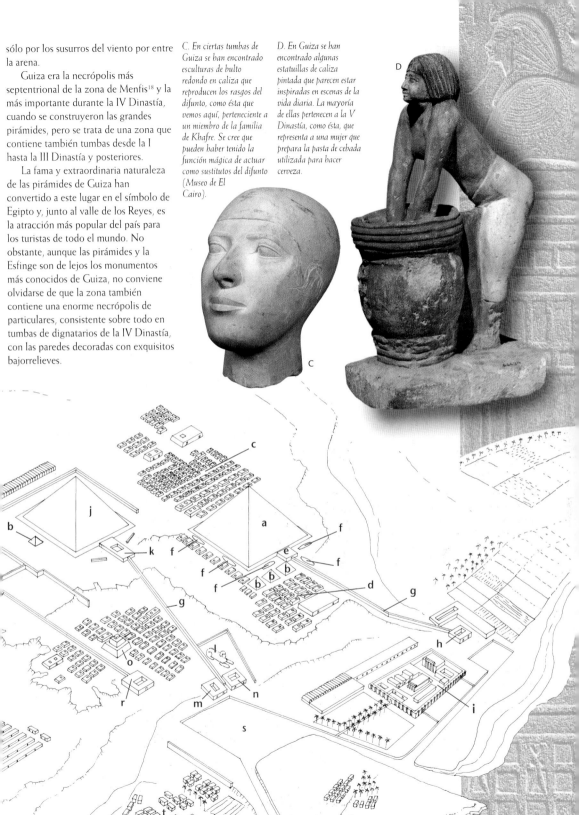

LA PIRÁMIDE DE KHUFU (KEOPS)

Nombre antiguo: «Khufu pertenece al horizonte»
Altura original: 146,6 metros
Altura actual: 138,75 metros
Lado de la base: 230,37 metros
Ángulo: 51E50'40"
Volumen estimado: 2.521.000 m³

A

Conocida también como la Gran Pirámide, fue construida por el rey Khufu, el hijo de Esnefru. Conocido como Keops merced a los escritos de Heródoto, reinó durante 23 años[19].

Considerada una estructura prodigiosa ya durante la Antigüedad e incluida, con razón, entre las Siete Maravillas del mundo antiguo, en su construcción se utilizaron 2.300.000 bloques de piedra colocados originalmente en 210 hiladas, con un peso medio de 2,5 toneladas cada sillar. La altura media de los bloques es de unos 50 centímetros, pero hay algunos que tienen hasta 150 centímetros de alto, la mayor parte de los cuales, extrañamente, están situados en las hiladas más altas.

La cara norte contienen un gran boquete en el que está situada la entrada original, situada a unos 15 metros de altura, en la decimotercera hilada. La entrada conduce hasta un corredor descendente de 1,20 metros de alto que, después de recorrer 18 metros se divide en dos partes: la superior, que en ese punto está bloqueada por tres tapones de granito, continúa como corredor ascendente, mientras que la inferior desciende otros

→ N

PLANO DE LA PIRÁMIDE DE KHUFU Y SU ENTORNO
a. Pirámide de Khufu
b. Cementerio occidental
c. Pirámides subsidiarias de Khufu
d. Restos del templo funerario de Khufu
e. Trincheras para sus barcos solares
f. Cementerio oriental
g. Museo de la Barca

B

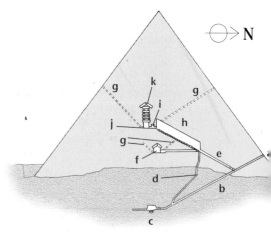

→ N

A. Sin su piramidión, la cima de la pirámide de Khufu es una plataforma cuadrada formada por varios bloques en los que muchos viajeros han ido grabando su nombre.

B. Esta estatuilla de marfil de 7,5 centímetros procede de Abydos y es la única imagen de Khufu que se conoce[20] (Museo de El Cairo).

D

C

C. Vista de la pirámide de Khufu desde el suroeste. En primer plano se pueden ver las mastabas del cementerio occidental, mientras que a la derecha, en el lado sur de la pirámide, destaca el volumen del Museo de la Barca. Detrás del museo se encuentran las tres pirámides subsidiarias y las mastabas del cementerio oriental. Al fondo se observan, en la base de la meseta, los verdes parterres del club de golf y las casas de los barrios meridionales de El Cairo.

D. Al este de la pirámide de Khufu, delante de la más meridional de las tres pirámide subsidiarias, que perteneció a la reina Henutsen, se pueden ver los restos de un pequeño templo dedicado a la diosa Isis.

E. La entrada original de la pirámide de Khufu se encuentra a unos 15 metros de altura, coronada por una doble bóveda a dos aguas. Por debajo se halla la entrada que excavó el califa al-Mamun en el siglo IX d.C., que es la utilizada por los turistas para penetrar en el monumento.

SECCIÓN DE LA PIRÁMIDE DE KHUFU
a. Entrada
b. Corredor descendente
c. Cámara subterránea
d. Corredor de servicio
e. Corredor ascendente
f. Cámara de la reina
g. Canales de aireación
h. Gran Galería
i. Antecámara
j. Cámara del rey
k. Cámaras de descarga

E

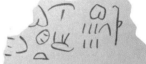

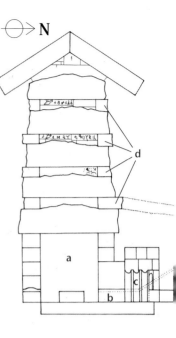

A

B

91 metros hasta llegar a una cámara subterránea dejada sin terminar, quizá debido a los problemas técnicos relacionados con la falta de aire, o puede que por motivos rituales, pues la habitación puede ser una representación de los dominios de Sokar, el dios del inframundo.

La entrada que actualmente se utiliza para penetrar en el monumento es un túnel excavado por ladrones, situado unos 15 metros por encima del nivel del suelo, que tras unos metros de recorrido horizontal alcanza el corredor original, donde continúa ascendiendo, más allá del punto en donde está bloqueado. El corredor ascendente tiene 38 metros de longitud y lleva hasta la Gran Galería.

C

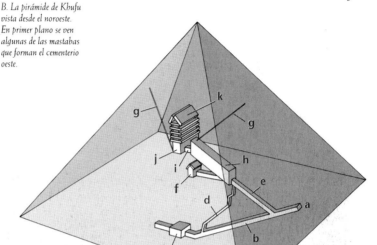

A. Cerca de la esquina sureste de la pirámide de Khufu se encuentra la tumba de Sennefer, un dignatario de alto rango que vivió hacia finales de la IV Dinastía. La capilla de su mastaba viene precedida por un vestíbulo con dos columnas.

B. La pirámide de Khufu vista desde el noroeste. En primer plano se ven algunas de las mastabas que forman el cementerio oeste.

C. La Gran Galería, 47 metros de largo y 8,48 metros de alto con una falsa bóveda. Es considerada una de las obras maestras de la arquitectura egipcia. El significado exacto de esta estructura todavía no se conoce con exactitud.

VISTA AXONOMÉTRICA
DE LA PIRAMIDE DE KHUFU
a. Entrada
b. Corredor descendente
c. Cámara subterránea
d. Corredor de servicio
e. Corredor ascendente
f. Cámara de la reina
g. Canales estelares
h. Gran Galería
i. Antecámara
j. Cámara del rey
k. Cámaras de descarga

Al comienzo de ésta hay dos aberturas que conducen, respectivamente, a un segundo corredor horizontal de 35 metros de largo, que desemboca en la cámara de la reina, situada sobre el eje vertical de la pirámide, y un túnel vertical de 60 metros de longitud que baja sinuosamente hasta alcanzar el corredor descendente. Se ha sugerido que el túnel fue pensado para permitir a los trabajadores abandonar la cámara funeraria después de que la bloquearan con tres grandes bloques de granito.

La Gran Galería es una de las obras maestras de la arquitectura del antiguo Egipto: 47 metros de largo y 8,48 metros de altura, con una bóveda por aproximación de hiladas, con bloques superpuestos con una precisión tal que cada hilada sobresale 6 centímetros respecto a la inferior.

El túnel termina en una antecámara que originalmente estuvo cerrada por tres bloques de granito y que da paso a la llamada cámara del rey, que tiene 10,45 metros de largo, 5,20 metros de ancho y 5,80 metros de alto. El sarcófago se encuentra situado junto al muro oeste y no está decorado ni tiene inscripciones. El techo consiste en nueve losas de granito, cuyo peso se ha calculado en 40 toneladas, coronado por un complejo sistema de cinco cámaras superpuestas. Éstas fueron creadas para aliviar del peso y la presión que crea la enorme masa de la pirámide. En la superior de estas

cámaras de descarga, Vyse descubrió la única inscripción de toda la pirámide: el cartucho de Khufu.

En los muros norte y sur de la cámara del rey se pueden ver dos pequeños conductos extremadamente estrechos, de sólo 20 × 20 centímetros, conocidos erróneamente como «canales de aireación», que llegan hasta las caras exteriores de la pirámide, a 71 y 53 metros de altura. Se ha discutido mucho sobre el significado de estos conductos, pero una reciente

investigación llevada a cabo por el Instituto Arqueológico Alemán en El Cairo ha demostrado que poseían una función puramente ritual: facilitar el ascenso directo al cielo del alma del rey. Del mismo modo, las tres habitaciones verticalmente alineadas (la cámara subterránea, la cámara de la reina y la cámara del rey) no parecen ser producto de tres cambios consecutivos de plan, algo que nunca se ha demostrado, sino que más bien tenían un propósito ritual.

D

D. Todo lo que se encontró en la cámara de granito donde se enterró al faraón fue un sarcófago monolítico de granito rojo. El sarcófago, sin tapa y situado junto al muro oeste, tiene 2,24 metros de largo y 0,96 metros de ancho. Dado su tamaño, tuvo que ser introducido en la habitación mientras ésta se estaba construyendo todavía.

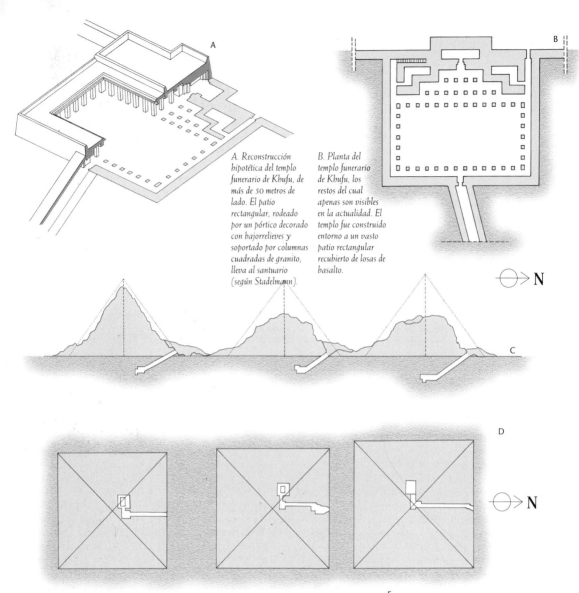

A. Reconstrucción hipotética del templo funerario de Khufu, de más de 50 metros de lado. El patio rectangular, rodeado por un pórtico decorado con bajorrelieves y soportado por columnas cuadradas de granito, lleva al santuario (según Stadelmann).

B. Planta del templo funerario de Khufu, los restos del cual apenas son visibles en la actualidad. El templo fue construido entorno a un vasto patio rectangular recubierto de losas de basalto.

N

C

D

N

E

C y D. Plantas y secciones de las tres pirámides subsidiarias de Khufu, situadas junto a la cara sur del monumento. Estas pirámides, que los arqueólogos identifican con las iniciales GIa, GIb y GIc están dedicadas, respectivamente, a las reinas Henutsen, Meritites (hermanastra de Khufu) y Hetepheres (la madre de Khufu). A unas docenas de metros de su pirámide se encuentra el pozo de la tumba de la reina.

E. En la cara sur de la pirámide de la reina Henutsen hay un templo dedicado a la diosa Isis, la «Señora de las pirámides», construido durante la XXI Dinastía, en lo que pudo haber sido el emplazamiento de una antigua capilla de la XVIII Dinastía, que a su vez se levantaba sobre la zona ocupada por el templo funerario de Henutsen. El templo de Isis fue ampliado durante la época saíta añadiéndole una serie de capillas laterales, cuando la zona de Guiza se convirtió en una necrópolis no real, papel que desempeñó hasta la época romana.

En el lado oriental de la pirámide hay dos grandes trincheras con forma de barco, utilizadas para enterrar barcas reales, y tres pirámides subsidiarias: la del sur se atribuye a la reina Henutsen (hija de Esnefru y hermanastra de Khufu); la del centro, a Meritites y la del norte, a Hetepheres, la madre del rey, cuya tumba pozo fue descubierta en 1925 a sólo unas docenas de metros de allí por la Harvard University and Boston Museum Expedition, dirigida por George A. Reisner, y que contenía un bello conjunto de ajuar funerario que se puede contemplar en el Museo de El Cairo.

Sólo algunos restos de sus cimientos atestiguan la existencia del templo funerario de Khufu, que debe haber tenido una planta rectangular de 52,50 metros de largo. La rampa procesional que nace en el templo tenía 810 metros de largo y cambia de dirección de forma abrupta, dirigiéndose con un ángulo de 32°E hacia el noreste. Conducía hasta el templo bajo, que probablemente ya hubiera sido destruido en la Antigüedad. Los cimientos y el suelo original de basalto fueron localizados en 1990 durante unas excavaciones realizadas por Zahi Hawass, y se encuentran a 125 metros del punto en que la rampa procesional gira hacia el noreste.

F. *En 1925 el arqueólogo norteamericano Reisner descubrió la tumba de Hetepheres, la esposa de Esnefru y madre de Khufu, con su espléndido ajuar funerario, actualmente expuesto en el Museo de El Cairo. Entre los numerosos objetos del mismo se encuentran esta silla con un elegante trabajo de taraceado.*

G y H. Uno de los objetos más notables de la colección es esta silla de manos dorada, el medio de transporte preferido por los altos dignatarios. También se encontró una pequeña caja de madera dorada con brazaletes en su interior.

I. Entre el ajuar funerario de Hetepheres también había tres objetos de oro macizo, incluido este pequeño aguamanil con pitorro alargado.

J. Esta bien conservada cama, completa con reposacabezas (en vez de almohadas, los antiguos egipcios utilizaban sencillos soportes rígidos de madera u otros materiales), formaba parte del ajuar funerario de Hetepheres.

EL BARCO SOLAR

A. Vista general del barco solar, montado y expuesto en un museo especialmente construido. El rompecabezas gigante tenía 1.224 piezas y tardó más de 10 años en montarse.

B. El museo donde se expone el barco solar se encuentra junto a la cara sur de la pirámide de Khufu, cerca del lugar en donde fue encontrado. Un poco más lejos hacia la derecha se encuentra la segunda trinchera, todavía sin abrir, que contiene un segundo barco.

C. El barco solar de Khufu tiene 43,4 metros de eslora y 5,6 de manga. Para construirlo no se utilizaron partes metálicas, sólo cuerda y vástagos de madera.

D. Junto a la cara este de la pirámide de Khufu hay otras tres grandes trincheras con forma de barco. No se sabe con certeza si contienen barcos reales o si son simulacros de barcas.

A

B

El barco no era sólo un medio de transporte o un instrumento para la caza o la pesca, sino que también y sobre todo tenía importancia simbólica: era el medio de transporte de los dioses.

El dios Amón era llevado en su barca sagrada durante las grandes procesiones religiosas y el propio dios Ra viajaba diariamente por el firmamento en lo que se llamaba el «barco del millón de años», para asegurar a la humanidad el equilibrio de las estaciones y la incesante sucesión del día y la noche. El faraón, el hijo de Ra, seguía su destino celeste y por ello necesitaba un barco para navegar por el firmamento.

C

Las grandes trincheras con forma de barco encontradas en la cara oriental de la pirámide de Khufu atestiguan la presencia de embarcaciones. En mayo de 1954, durante la realización de trabajos de limpieza, el joven arquitecto y arqueólogo Kamal el-Mallakh y el inspector Zaki Nur encontraron dos trincheras de sección triangular perfectamente selladas con unos 40 bloques gigantes de caliza con un peso de entre 17 y 20 toneladas cada uno. La más septentrional fue abierta y en su interior se encontró una gran barco de madera desmontado en 1.224 piezas. Este extraordinario descubrimiento fue cuidadosa y pacientemente restaurado bajo la dirección de Ahmed Yussef

D

Mustafa a lo largo de un período de diez años, hasta que finalmente fue terminado en 1968. Al finalizar el largo trabajo, este barco real, cuyas planchas estaban unidas mediante un ingenioso sistema de cuerdas, sin utilizar clavos ni partes metálicas, se apareció con sus elegantes líneas tal y como fue diseñado hace 4.500 años. Su perfil, con sus altas proa y popa, parece haberse inspirado en los barcos papiro.

El barco real, construido con cedro del Líbano, tiene 43,3 metros de eslora y 4,6 metros de manga, con un calado de sólo 1,5 metros, lo que sólo lo hace adecuado para la navegación fluvial. El barco tiene dos cabinas: una central de unos 9 metros de largo, y una pequeña cabina frontal que probablemente fuera

E. La microsonda insertada en la trinchera a través de un agujero proporcionó esta imagen endoscópica, que confirma la presencia de un barco similar al excavado en 1954. Con la cooperación de la Organización de Antigüedades Egipcias y la National Geographic Society fue posible conseguir una imagen del contenido de la trinchera sin tener que abrirla.

E

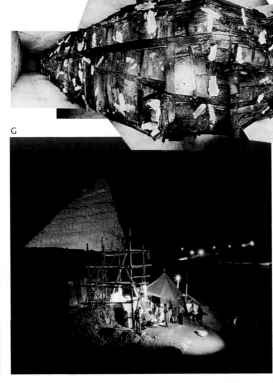

F G

F. El barco solar que hoy se expone en un museo situado a pocos metros de donde fuera encontrado, fue hallado desmontado dentro de esta trinchera, sellada con bloques de caliza con un peso de entre 17 y 20 toneladas cada uno.

G. Una imagen nocturna de los trabajos de 1987 sobre la trinchera donde se encuentra enterrada intacta la segunda barca de Khufu.

utilizada por el capitán. La propulsión la aseguraban diez pares de remos y dos grandes remos timón situados en la popa. No hay restos de mástil, por lo que no usaba vela. El barco montado se encuentra expuesto en un museo especial, a sólo unos metros del lugar donde fue encontrado.

La Organizacion de Antigüedades Egipcias decidió no abrir la segunda trinchera, pero su interior fue fotografiado en 1987 mediante una sonda especialmente diseñada en colaboración con National Geographic Society. La sonda demostró que la trinchera contenía un barco similar al primero.

El significado del barco de Khufu se ha debatido largo y sentado. Se ha discutido si el barco navegó alguna vez (hay algunas pruebas de que estuvo en el agua), si fue el barco o uno de los barcos que utilizó Khufu durante su reinado, si fue utilizado para transportar el cuerpo del faraón hasta su lugar de descanso eterno o si tenía sólo un significado simbólico o ritual. En este ultimo caso, el barco formaría parte del ajuar funerario, junto a otros muchos objetos enterrados al lado del faraón dentro de la pirámide, de modo que pudiera ser utilizado durante su viaje al otro mundo. Puede que tuviera otro papel y funcionara como barco solar, como el de Ra. Es difícil, cuando no imposible, determinar la verdad con certeza, pues no existe suficiente información para nada más que elucubrar sobre la cuestión. No obstante, los *Textos de las pirámides* no dejan lugar a dudas: al final de su vida terrenal, el alma del faraón asciende en el barco solar para unirse a su padre Ra y navegar eternamente por los océanos del tiempo.

Las pirámides de Guiza, con su sillería de grandes piedras locales y su recubrimiento de fina caliza de Tura, son algunos de los mejores ejemplos de pirámides que existen. El uso de más y más piedras por parte de los constructores de la IV Dinastía para crear pirámides más grandes y vastos complejos funerarios fuera del muro del recinto de la pirámide produjo unos resultados impresionantes. Es difícil imaginar el número de trabajadores requeridos para un proyecto de semejante envergadura como construir las pirámides de Guiza.

El Instituto Arqueológico Alemán en El Cairo, en colaboración con el Inspectorado de Guiza y el Consejo Supremo de Antigüedades, ha creado un sistema de ventilación para preservar la pirámide de Khufu (llamada Akhet-Khufu, o «Khofu pertenece al horizonte»), que forma el núcleo de la necrópolis.

Durante los trabajos, se envió un robot por el llamado canal de aireación de la segunda cámara. Penetró 65 metros en el interior de la pirámide antes de verse detenido por lo que parece ser una puerta con asas de cobre. Todavía no se sabe con certeza si se trata de una puerta o una losa destinada a bloquear el paso, por lo que se necesita continuar la investigación[21].

El descubrimiento de la calzada y el templo del valle de Khufu

Durante la construcción de un nuevo sistema de alcantarillado para el poblado de Nazlet-es-Samman, localizado al pie de la base de la meseta de Guiza, encontramos los restos de templo del valle y la continuación de la calzada de Khufu, con algunas de las losas del pavimento todavía *in situ*. La longitud total de la calzada desde la cara este de la pirámide hasta el templo del valle no es inferior a los 810 metros. Al llegar a la escarpadura, el ángulo de la calzada cambia ligeramente, pero al acercarse al templo bajo el cambio es brusco.

En el templo del valle encontramos un pavimento de basalto negro-verdoso de 56 metros de largo y localizado a unos 14 metros por encima del nivel del mar, aproximadamente a 4,5 metros bajo el nivel de la calle actual. En el borde del pavimento hallamos parte de un muro de ladrillo, que puede haber tenido un grosor de 8 metros. La configuración de los bloques de basalto indica que este edificio monumental es lo que queda del templo del valle de Khufu.

Al este de la Gran Pirámide de Khufu se encuentran sus pirámides subsidiarias. La del norte pertenece a la madre de Khufu, Hetepheres. La segunda a la reina Meritites y la tercera a Henutsen.

El descubrimiento de la pirámide satélite de Khufu

Encontramos la pirámide satélite en la esquina sureste de la Gran Pirámide de forma inesperada, porque el lugar había sido excavado completamente por Petrie en 1881, en una zona que luego fue limpiada en 1940.

La pirámide satélite tiene unas habitaciones en forma de T, similares a las de las pirámide subsidiaria de Khafre, localizada en la cara sur de la segunda pirámide de Guiza. Lo que queda de la superestructura consiste en tres hiladas de bloques de caliza, situadas en un lado de la camara funeraria de la pirámide. En ésta no se encontró nada, sólo dos piedras grandes, una mediana y una pequeña. En el suelo había un agujero. Parece que el techo de la cámara fue a doble vertiente, nacida en los muros norte y sur.

Al sur de las pirámides subsidiarias G1a y G1b hay trincheras para barcos. La de G1b se encuentra inmediatamente al este de G1d , la pirámide recién descubierta. Es posible que el barco pertenezca a la pirámide satélite, porque la trinchera está localizada cerca de ella. El problema es que G1a tiene la trinchera en la cara sur, al igual que G1b, y que no se ha encontrado nada en la cara meridional de G1c .

Junto a la cara este de Khufu se encuentran lo que se conoce como «pasajes de prueba». En un principio se pretendió que fuera la estructura subterránea de la pirámide satélite de Khufu, pero fue abandonada debido a la ampliación del templo alto. De modo que la pirámide fue trasladada y construida en la esquina sureste de la pirámide de Khufu. El problema es que el interior de los pasajes de prueba es exactamente igual al de la Gran Pirámide, si bien más pequeños, y la subestructura de la nueva pirámide satélite tiene forma de T. No obstante, puede que esto no sea significativo, porque el reino de Khufu fue una época de experimentación, donde se inició el desarrollo de los componentes arquitectónicos de los complejos piramidales. Parece que el pequeño espacio disponible y el poco tiempo hicieron que tuviera forma de T en vez de la estructura de los pasajes de prueba. Da la impresión de que la pirámide satélite fue construida con prisas.

Se desconoce la función de las pirámides satélite y ello ha sido objeto de largos debates entre los especialistas. Se ha sugerido que era: una tumba falsa relacionada con la fiesta Sed; el lugar de enterramiento de la placenta o las vísceras del faraón; un lugar de enterramiento temporal para el soberano; una tumba para las coronas; o un símbolo solar.

La tumba sur del complejo piramidal de Djoser es un prototipo de las tumbas satélites del Reino Antiguo. Los relieves de los paneles de la tumba Sur de Djoser representan al rey con la corona blanca y corriendo con un flagelo en la mano. Se trata de escenas que pueden ser interpretadas como representaciones de la fiesta Sed.

Por lo tanto propongo una nueva teoría sobre la función de la pirámide satélite: era una habitación para cambiarse durante la fiesta Sed.

En los relieves de los muros de los complejos piramidales del Reino Antiguo hay una secuencia muy interesante. La primera escena muestra al rey en su palacio, con sus oficiales y cortesanos, o sentado en su capilla. Lleva un vestido, la corona del Alto y el Bajo Egipto y sujeta el flagelo para demostrar su poder sobre las Dos Tierras. La segunda escena lo muestra con faldellín y con el flagelo mientras baila o realiza el ritual de la fiesta Sed. La última escena de la secuencia de los relieves de la pared siempre aparece en la sala de ofrendas y muestra al rey recibiendo ofrendas y a las divinidades. El rey es aceptado por todos los dioses y se convierte en su igual porque ha realizado lo que ellos le requerían que hiciera en la tierra y ahora le recompensan convirtiéndolo en un dios.

La obligación del rey era construir una tumba para sí mismo y templos para adorar a los dioses, para unificar el Alto y el Bajo Egipto, realizar ofrendas a los

dioses y golpear a los enemigos de Egipto.

Las escenas de la fiesta Sed aparecen en los muros de la tumba Sur, que es el prototipo de la pirámide satélite. También aparecen en los relieves de los complejos piramidales desde la IV a la VI Dinastía, en el Reino Antiguo. De modo que es posible que exista una

relación entre la fiesta Sed y la pirámide satélite.

La función de la pirámide satélite era ser utilizada como habitación para cambiarse de ropa. El rey dejaba la corona y el vestido en la cámara funeraria y luego emergía por la entrada llevando el faldellín y sujetando el flagelo. Luego realizaba en el exterior la fiesta Sed, anunciando a los dioses que había llevado a cabo lo que le habían pedido que hiciera. Por lo tanto, la función de la pirámide satélite durante el Reino Antiguo era la de servir como habitación para cambiarse de ropa durante la celebración de los rituales de la fiesta Sed.

El descubrimiento del piramidión de Khufu

En la cara sur de la pirámide satélite se encontró un gran bloque de caliza con tres lados inclinados. Era la base del piramidión. Sabíamos que para hacerlo cuadrado faltaba una parte en la cara norte, pero nunca esperamos llegar a encontrarla. No obstante, un año después del descubrimiento de la propia pirámide satélite, el *piramidión* fue encontrado junto a la cara norte de ésta.

A. Recientes excavaciones en la esquina sureste de la pirámide de Khufu han sacado a la luz la estructura de una pirámide satélite con cámara interiores en forma de T y un corredor descendente que termina en una cámara rectangular. La función exacta de las pirámides satélite se desconoce, pero es probable que estas estructuras puedan haber tenido que ver con la celebración de la fiesta Sed.

B. Un gran bloque de caliza encontrado cerca de la pirámide satélite demostró ser la base del piramidión, que originalmente estuvo en lo alto de la pirámide de Khufu. El piramidión fue restaurado y completado mediante el añadido de otros bloques.

LA PIRÁMIDE DE KHAFRE (KEFRÉN)

Nombre antiguo: «Khafre es grande»
Altura original: 143,5 metros
Altura actual: 136,4 metros
Lado de la base: 215,25 metros
Ángulo: 50E10'
Volumen estimado: 1.659.200 m³

B

PLANO DE LA PIRÁMIDE Y
EL SECTOR DE KHAFRE
EN GUIZA
a. Pirámide de Khafre
b. Restos de la
pirámide satélite
c. Templo funerario
d. Rampa
e. Esfinge
f. Templo bajo
g. Templo de la
Esfinge

La pirámide de Khafre, el cuarto rey de la IV Dinastía, conocido como Kefrén por los griegos, también se conoce como la segunda pirámide de Guiza y es algo más pequeña que la de Khufu. No obstante, debido a que fue construida en una parte de la meseta ligeramente más alta y a que sus caras tienen más pendiente, da la impresión de ser la mayor de las pirámide de Guiza.

El primero en entrar en ella en la época moderna fue Giovanni Battista Belzoni en 1818, aunque ya había sido explorada en la antigüedad y en el siglo XIII. Es la única pirámide que todavía conserva parte de su recubrimiento original de caliza de Tura, que pude verse cerca de la cima.

En la cara norte hay dos entradas. La primera, localizada a 10 metros de altura, lleva hasta un corredor que desciende con un ángulo de 25E55' durante 32 metros y luego se vuelve horizontal hasta que alcanza la cámara funeraria. La segunda entrada se encuentra al nivel del suelo y es

A. Khafre, el hijo de Khufu y la reina Henutsen, aparece aquí representado en la famosa estatua de diorita encontrada por Mariette en el templo bajo. Khafre sucedió a su hermanastro Djedefre, cuyo reinado fue bastante breve (Museo de El Cairo).

B. La pirámide de Khafre es casi tan grande como la de Khufu, pero su estructura interna es completamente distinta. Giovanni Battista Belzoni descubrió la entrada a esta pirámide el 2 de marzo de 1818.

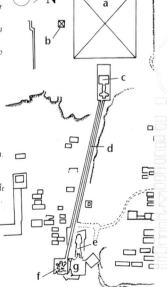

C

D

la que se utiliza actualmente para penetrar en el monumento; conduce a un corredor inferior que, tras descender inicialmente con un ángulo de 21E40' y luego volverse horizontal durante un breve trayecto, sube hasta encontrarse con el tramo horizontal del corredor superior. La cámara funeraria contiene un gran sarcófago de granito con su tapa, ambos sin inscripciones o decoración. En una pared se puede ver la firma de Belzoni, fechada el 2 de marzo de 1818, el día en que penetró en la pirámide.

C. En la cara norte de la pirámide hay dos entradas: la que se utiliza actualmente está situada a nivel del suelo y lleva al corredor inferior, mientras que la otra entrada, en la cara de la pirámide, lleva al corredor superior. El pasaje que descubrió Belzoni conduce directamente a este corredor.

D. Una inscripción en inglés del coronel Fitzclarence se puede leer junto a la entrada superior, conmemorando la apertura de la pirámide realizada por Belzoni.

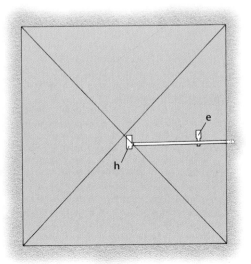

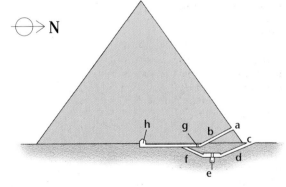

⊖>N

PLANTA Y SECCIÓN DE LA PIRÁMIDE DE KHAFRE
a. *Entrada superior*
b. *Corredor superior*
c. *Entrada actual*
d. *Corredor inferior*
e. *Cámara subterránea (sin terminar)*
f. *Corredor ascendente*

g. *Losas que obturan el camino*
h. *Cámara funeraria.*

La gran simplicidad de esta estructura interna comparada con la de la pirámide de Khufu es bastante revidente. Es probable que la razón del cambio sean los problemas encontrados durante la construcción de la cámara del rey y su techo, donde aparecieron numerosos signos de colapso antes incluso de que se terminaran los trabajos.

A. La pirámide de Khafre es la única que conserva una parte del recubrimiento de caliza de Tura, aunque sólo en la parte superior. La caliza de Tura era más valiosa que la caliza local, utilizada para construir el núcleo de la pirámide. Procede de las canteras situadas en la cordillera de Mokattam, en la otra orilla del Nilo.

B. Las impresionantes ruinas del templo alto, construido con enormes bloques de granito, son visibles frente a la cara este de la pirámide. El templo fue desmantelado progresivamente para reutilizar sus piedras como material de construcción.

VISTA AXONOMÉTRICA DE LA
PIRÁMIDE DE KHAFRE
a. Entrada superior
b. Corredor superior
c. Entrada actual
d. Corredor inferior
e. Cámara subterránea
   (sin terminar)
f. Corredor
   ascendente

g. Losas que
   interrumpen el acceso
h. Cámara funeraria
Es interesante comprobar
que los bloques que
cubren la cámara
funeraria, al contrario
que los de la pirámide de
Khufu, están dispuestos
en doble vertiente,

utilizando un sistema
de alivio de peso que
ya había sido usado
en la superior de las
cámaras de descarga
de la pirámide de
Khufu y que, a partir
de ahora, sería
utilizado en todas las
pirámides posteriores.

C

D

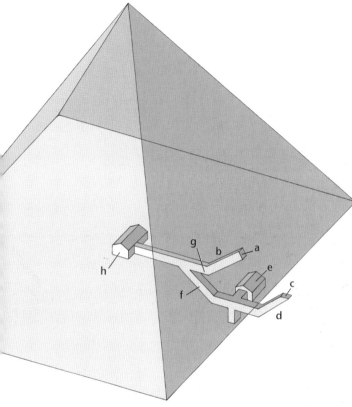

E

C. Las palabras
«Descubierta por G.
Belzoni, 2 de marzo de
1818» se pueden leer en
el muro sur de la cámara
funeraria,
conmemorando el día en
que el italiano terminó la
búsqueda. En realidad,
en el interior de la
pirámide, que según
Heródoto no tenía
habitaciones internas,
Belzoni descubrió un
grafito en el muro oeste
que confirmaba que el
monumento ya había
sido abierto en época
musulmana, quizá en
torno al siglo XII.

D. Dentro de la cámara
funeraria, Belzoni sólo
encontró un gran
sarcófago de granito
rojo con la tapa rota,
parecido al sarcófago de
Khufu. Tiene 2,02
metros de largo por 1,06
metros de ancho.

E. La posición final de
la pirámide de Khafre,
vista aquí desde el
noroeste no parece ser la
que se pensó
originalmente, que
parece haber estado
situada 60 metros más
al norte. El cambio
puede explicar la
presencia de las dos
entradas y la asimétrica
situación de la cámara
subterránea, dejada sin
terminar. También se
ha sugerido que el
diseño original
constaba de tres
cámaras, como en la
pirámide de Khufu y
que fue simplificado
para acelerar la
construcción, pues
Khafre no era un
hombre joven cuando se
sentó en el trono.

61

EL TEMPLO FUNERARIO

A

B

A. Vista general del templo alto, donde se puede ver la arquitectura megalítica del mismo, utilizada también en el templo bajo. Desgraciadamente, sólo nos quedan uno magníficos vestigios de este monumento, flanqueado en sus dos lados largos por cuatro trincheras para barcos (en el lado norte se puede ver una quinta trinchera).

B. La rampa procesional de Khafre, que tiene 494 metros de largo y conecta el templo funerario con el templo bajo, es el más bello ejemplo de este tipo de estructura. Originalmente, la rampa estaba techada y puede que decorada con relieves.

En el lado este de la pirámide hay un colosal templo funerario, que es mucho mayor que el de Khufu (se ha calculado que uno de sus bloques pesa 400 toneladas). Fue excavado en 1910 por Hölscher y Von Sieglin. Utilizado durante siglos como cantera de materiales de construcción, este magnífico edificio ha quedado reducido a escombros, terminando por desaparecer sus pilonos de granito.

El templo tenía 110 metros de profundidad e incluía una entrada con

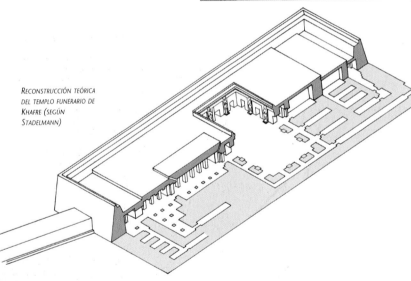

RECONSTRUCCIÓN TEÓRICA DEL TEMPLO FUNERARIO DE KHAFRE (SEGÚN STADELMANN)

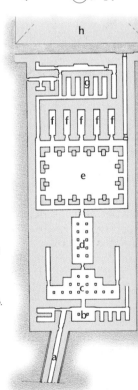

N

dos pilonos, un vestíbulo transversal con cuatro columnas y una sala rectangular rodeado de columnas al norte y al sur, que conducía a un patio rodeado por una columnata donde había grandes estatuas del rey. En el lado oeste del patio había cinco capillas utilizadas en el culto real. Detrás de ellas había almacenes y un pequeño e íntimo santuario.

La enorme rampa procesional comienza en el templo funerario y corre oblicua durante 494 metros hacia el sur, hasta alcanzar el templo del valle.

PLANTA DEL TEMPLO FUNERARIO SEGÚN LOS DATOS OBTENIDOS POR LAS EXCAVACIONES REALIZADAS POR HÖLSCHER Y VON SIEGLIN A COMIENZOS DEL SIGLO XX

a. Rampa procesional
b. Vestíbulo
c. Sala transversal
d. Sala rectangular
e. Patio central con pórtico y columnata

f. Capillas para las estatuas
g. Almacenes y santuario
h. Cuerpo de la pirámide

El edificio ocupaba una superficie de 110 × 45 metros y estaba separado de la pirámide por un patio de 10 metros de ancho.

EL TEMPLO DEL VALLE

C y D. Al principio, el templo bajo de Khafre, que al ser descubierto fue llamado erróneamente el templo de la Esfinge, es el único ejemplo de este tipo de estructura que se conserva. Todavía en un excelente estado, su función exacta aún se desconoce.

Descubierto por Auguste Mariette en 1852 y al principio considerado erróneamente como el templo de la Esfinge, es el único templo del valle que se conserva realmente en buenas condiciones.

Construido con grandes bloques rectangulares de granito de Asuán, su estilo arquitectónico es similar al del templo funerario: tiene forma cuadrada con dos entradas frontales, que originalmente flanqueaban cuatro esfinges (de las cuales sólo se conservan fragmentos), un vestíbulo transversal y una amplia sala en forma de T invertida con dieciséis pilares monolíticos de 4,15 metros de altura; desde el rincón noroeste de ésta sale nace un corredor que lleva a la rampa procesional. Junto a

RECONSTRUCCIÓN TEÓRICA DEL TEMPLO DEL VALLE DE KHAFRE (1), QUE SE ENCUENTRA JUNTO AL TEMPLO DE LA ESFINGE (2) (SEGÚN STADELMANN)

PLANTA DEL TEMPLO BAJO (SEGÚN RICKE)
a. Rampa procesional
b. Corredor
c. Gran sala en forma de T invertida
d. Vestíbulo
e. Capilla con tres nichos
f. Entradas (originalmente flanqueadas por esfinges)

los muros de la estructura principal del templo, una verdadera obra maestra arquitectónica del Reino Antiguo, hubo 24 estatuas de diorita que representaba a Khafre sentado. Excepto la descubierta por Mariette, que se puede ver en el Museo de El Cairo, todas se han perdido (sólo queda la marca en el suelo del lugar que ocuparon).

Nuestros conocimientos actuales no nos permiten determinar con exactitud el papel y la función de las diferentes partes del templo, pero parece haber sido utilizado para embalsamar al rey difunto. De hecho, en 1995, cerca del templo se encontraron restos de la «tienda de purificación».

E. Un estrecho corredor lleva desde el rincón noroeste del templo hasta la rampa procesional.

F. Los grandes bloques que forman la estructura principal del templo del valle están colocados con gran precisión.

LA ESFINGE

A

A. *La Esfinge de Guiza es un monumento único en la historia del arte egipcio: la cabeza del faraón tocado con su nemes corona el leonino cuerpo de 57 metros de longitud. La ausencia de inscripciones en el monumento ha generado el debate sobre su antigüedad, aunque muchos investigadores creen que data del reino de Khafre, algunos piensan que puede ser de la época de Khufu, mientras que los abogados de la pseudoarqueología afirman que tiene más de 10.000 años de antigüedad.*

La palabra «esfinge», que puede venir de la expresión egipcia *shesep ankh* («imagen viviente»), significa una escultura que representa a una deidad con cuerpo de león y cabeza humana o de animal.

La Gran Esfinge de Guiza se alza sobre las arenas del desierto y los árabes le dieron el extraño nombre de Abu Hol, «el padre del terror». Es un monumento único en la historia de las estatuas egipcias, de las cuales las esfinges son elementos típicos. Ha fascinado a viajeros no sólo de los siglos XVIII y XIX, sino también a estudiosos de las ciencias esotéricas y a entusiastas de la arqueología fantástica, que afirman que esta escultura es el trabajo de una civilización extremadamente antigua que desapareció miles de años antes de la construcción de las pirámides, sin dejar ni rastro.

En realidad, aunque exuda un cierto aura de misterio que induce con facilidad a los sueños y la fantasía, la Esfinge no contiene grandes secretos, ni es la fuente del conocimiento perdido de civilizaciones desaparecidas. Fue esculpida en un afloramiento rocoso formado por los tres tipos de caliza margosa del Eoceno que forman la meseta de Guiza y probablemente ya habría estado sucintamente modelada por el viento antes de serlo por los humanos.

Con unos 57 metros de largo y 20 metros de altura, la Esfinge es una imagen del rey que une su naturaleza humana con el poder divino y leonino. Al mismo tiempo, la Esfinge representa al señor o guardián de la necrópolis y en el Reino Nuevo fue identificada con el dios Horemakhet, «Horus del horizonte», que los griegos transcribieron como Harmakis y que probablemente a comienzos del reinado de Amenofis II, en torno al 1450 a.C., fue identificado con el dios Haurun, un dios cananeo del desierto de origen sirio.

Durante la XVIII Dinastía (1550-1397 a.C.), mil años después de su construcción, el desierto había

C

D

C y D. Entre las patas anteriores de la Esfinge hay una gran estela que recuerda cómo el faraón Tuthmosis IV, que vivió durante la XVIII Dinastía, unos mil años después de la época de Khafre, llevó a cabo la primera restauración del monumento, liberándolo de la arena que lo cubría. Durante el Reino Nuevo, la Esfinge fue identificada con el dios Horemakhet, la imagen de «Horus del horizonte» y el dios sirio Haurun.

enterrado la Esfinge. Una historia grabada en una estela situada entre sus patas anteriores narra cómo el príncipe Tuthmosis se durmió a su sombra durante una cacería. En un sueño, la Esfinge, en forma de dios Horemakhet, le predijo su futuro acceso al trono y le rogó que la liberara del desierto que la cubría. Cuando años después, el príncipe se sentó en el trono como Tuthmosis IV, recordó el sueño de su juventud y llevó a cabo la primera restauración del monumento.

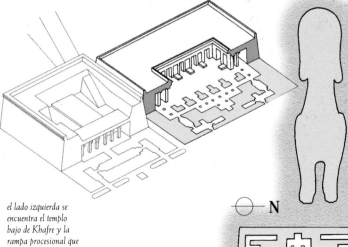

B

RECONSTRUCCIÓN TEÓRICA DEL TEMPLO DE LA ESFINGE (IZQUIERDA) (SEGÚN STADELMANN) Y PLANTA (DERECHA). Cerca del templo (1) hay una estructura religiosa del Reino Nuevo (2), de la era de Amenofis II.

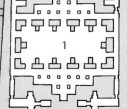

B. Delante de la Esfinge hay una amplia estructura aproximadamente cuadrada que corresponde al llamado «templo de la Esfinge» y que consta de un patio abierto rodeado por una columnata. En

el lado izquierda se encuentra el templo bajo de Khafre y la rampa procesional que lo conecta con el templo funerario de la pirámide. A la derecha hay una pequeña estructura del Reino Nuevo.

A. Esta foto aérea desde el oeste muestra a la Esfinge en toda su gloria, tras una serie de proyectos de restauración, todavía incompletos, que se han ido sucediendo durante diez años. El cuerpo leonino de la escultura tiene 57 metros de largo y su cabeza se alza hasta una altura de 20 metros. Esculpida originalmente a partir de un afloramiento calizo al cual es posible que el viento ya hubiera dado una cierta forma, fue parcialmente recubierta de bloques de caliza durante la época grecorromana.

virgen en la parte frontal y de león en la parte posterior». Previamente, el famoso historiador árabe Makrizi, que vivió en torno al siglo XI, también había demostrado interés por la Esfinge, afirmando que había una cavidad secreta en el monumento en donde estaba escondida una copa que había pertenecido a Salomón, el hijo de David.

En 1798, los científicos de la expedición napoleónica excavaron en el monumento. Fueron ellos quienes encontraron la famosa estela de Tuthmosis IV y realizaron el primer estudio científico de la estatua.

No obstante, la excavación más concienzuda de la Esfinge fue la que realizó Giovani Battista Caviglia, que en 1816 descubrió también fragmentos de la estatua, incluido una parte de la falsa barba que decoraba su rostro, que fue entregada al Museo Británico. Auguste Mariette fue quien realizó la excavación más sistemática, continuada por su sucesor, Gaston Maspero. Mariette creía que la Esfinge era el monumento más antiguo de todo Egipto, perteneciente a una época anterior a la construcción de la Gran Pirámide, y que contenía una cámara subterránea.

A pesar de otras excavaciones realizadas durante el reinado de Ramsés II, en torno a 1300 a.C., la arena volvió a recubrir por completo la colosal estructura. Esto explica por qué Heródoto nunca menciona la Esfinge. Según pasaban los siglos, nuevos trabajos de restauración, visibles en la actualidad, fueron llevados a cabo por Marco Aurelio y Septimio Severo en 160 d.C. y 211 d.C. Luego, las arenas volvieron a vencer, aunque la cabeza debió seguir siendo visible, provocando la curiosidad y maravilla de los aventureros viajeros de la época, como el médico francés Pierre Belon, quien, en su *Relation de Voyage*, publicada en 1555, la describe como un «monstruo esculpido con forma de

B. La Esfinge, cuyo nombre significa «imagen viviente», era considerada el guardián de la necrópolis de Guiza.

C. Al noreste de la Esfinge se pueden ver los restos de un pequeño edificio religioso del Reino Nuevo, construido durante el reinado de Amenophis II.

C

D

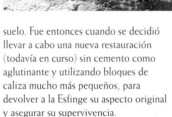

E. Las excavaciones llevadas a cabo por Caviglia en 1816 llevaron al descubrimiento de una parte de la barba ritual que adornaba originalmente la barbilla de la Esfinge. Actualmente se exhibe en el Museo Británico.

F. El templo de la Esfinge, visto desde el extremo oriental de la rampa procesional de Khafre.

En 1925, Emile Baraize consolidó la cabeza con bloques de caliza, restauró las grandes «alas» del tocado y descubrió el verdadero templo de la Esfinge. Finalmente, el trabajo realizado por la Universidad de El Cairo en 1935-1936, bajo la dirección de Selim Hassan, dio a la Esfinge y las estructuras relacionadas con ella su aspecto actual.

En 1980 el monumento tuvo que ser restaurado debido al deterioro de la caliza originado por la creciente humedad, las filtraciones de agua y la contaminación. Los resultados fueron desastrosos debido al inapropiado uso de cemento y la posterior dilatación del mortero, que hizo que numerosos bloques de caliza recientemente colocados se desprendieran cayendo al

suelo. Fue entonces cuando se decidió llevar a cabo una nueva restauración (todavía en curso) sin cemento como aglutinante y utilizando bloques de caliza mucho más pequeños, para devolver a la Esfinge su aspecto original y asegurar su supervivencia.

En el transcurso de esta última restauración, arqueólogos egipcios dirigidos por Zahi Hawass encontraron un túnel al nivel del suelo en la cara norte de la Esfinge. Llevaba a una cavidad que demostró estar vacía.

Desgraciadamente, ni las más recientes investigaciones realizadas durante los trabajos de restauración han proporcionado más información sobre el problema de la datación de la Esfinge. Mientras todos coinciden en que no

E

antecede a la época de las pirámides, ante la ausencia de documentación epigráfica (en el monumento no hay ningún tipo de texto), sólo puede ser datada estilísticamente y la atribución a Khafre (la más comúnmente aceptada) o a Khufu todavía es una cuestión sin resolver.

El templo de la Esfinge

Una estructura de la IV Dinastía conocida como el templo de la Esfinge, fue descubierta justo delante de la Esfinge. Está formada por grandes bloques de caliza y granito rojo de Asuán, con una doble entrada, un patio con grandes pilares rectangulares y, en el medio, un altar para ofrendas.

D. Un cuidadoso estudio del rostro de la Esfinge ha revelado restos de rojo, lo que ha llevado a la conclusión de que originalmente el monumento debió estar pintado. No obstante, por el momento no se puede descartar que la coloración se deba a cambios en la superficie de la roca.

F

LOS SECRETOS DE LA ESFINGE
Zahi Hawass

La Gran Esfinge es un símbolo nacional de Egipto, tanto del antiguo como del moderno, pero también es algo más. Es un arquetipo de la Antigüedad cuya imagen ha despertado la imaginación de poetas, estudiosos, aventureros y turistas a lo largo de los siglos. No obstante, en los últimos años, se ha convertido en el centro de atención por la velocidad a la que ha comenzado a deteriorarse. Dos veces en los últimos años han caído al suelo bloques de piedra de la estatua: en 1981 fue parte del recubrimiento de caliza de la pata izquierda y, en 1988, un trozo de respetable tamaño de la roca del hombro derecho. Mientras los expertos buscan soluciones, la superficie de la Esfinge se desmenuza y desmigaja.

La Esfinge se encuentra dentro de la necrópolis de Guiza, que está dominada por las pirámides de Khufu (Keops), Khafre (Kefrén) y Menkaure (Micerino), faraones de la IV Dinastía (c. 2575-2467 a.C.). Cada pirámide posee una larga calzada que va desde el templo mortuorio situado en la cara este del edificio hasta el nivel de la llanura inundable del Nilo, donde un templo del valle servía como entrada al complejo piramidal.

La Esfinge está íntimamente relacionada con la calzada y el templo del valle de Khafre, lo que sugiere que este faraón —quizá el mayor fabricante de estatuas de la época— la construyó como parte de su complejo piramidal. En los templos de su pirámide hay emplazamientos para 58 estatuas, incluidas: cuatro esfinges colosales, cada una de más de 26 metros de largo, flanqueando de dos en dos las entradas al templo bajo; dos estatuas colosales, posiblemente de babuinos, situadas en altos nichos dentro del templo del valle; 23 estatuas del faraón a tamaño natural en el templo del vale (se han encontrado fragmentos de varias de ellas con su nombre inscrito); al menos siete grandes estatuas del faraón en las cámaras interiores de su templo mortuorio; doce estatuas colosales de Khafre situadas en torno al patio de su templo mortuorio; y diez inmensas estatuas más en el templo de la Esfinge. Ninguna planta de un templo piramidal del Reino Antiguo contiene emplazamientos para tantas

estatuas a semejante escala. La Esfinge, la mayor de todas, fue esculpida a escala 30:1 para la cabeza y 2:1 para el cuerpo de león.

La Esfinge está esculpida directamente a partir de la caliza de la meseta de Guiza, que es parte de la formación Mokatam, formada por sedimentos marinos depositados cuando las aguas cubrieron el noreste de África durante el período Eoceno. Según el geólogo Thomas Aigner, antiguo profesor de la Universidad de Tubingen, mientras el mar se retiraba hacia el norte hace 50 millones de años se fue desarrollando un terraplén a lo largo de lo que hoy día es la parte noroeste de la meseta. En la laguna se depositó barro carbonatado que terminó petrificándose, convirtiéndose en los estratos de donde los antiguos constructores extrajeron sus bloques de caliza, arrastrándolos cuesta arriba para construir las pirámides.

Los canteros de la Antigüedad esculpieron la Esfinge a partir de las capas inferiores, las que reposan directamente sobre la veta más dura del arrecife. Cortaron profundamente estos estratos, dejando aislado un inmenso bloque rectangular de caliza dentro de un recinto en forma de herradura. Tras esculpir el cuerpo del león, nivelaron el suelo de roca entre la Esfinge y las paredes del recinto. Éste estaba abierto por el este, donde se había excavado una terraza sobre el frágil y duro arrecife de caliza.

En el extremo sur de esta terraza, los constructores crearon el templo del valle de Khafre con los inmensos bloques de caliza, algunos de más de 100 toneladas de peso, que habían sido extraídos de las capas superiores de roca, las que se corresponden con la cabeza de la Esfinge; es posible que piedras extraídas del recinto de la Esfinge fueran llevadas al este para construir el templo de la Esfinge. La primera esfinge conocida de la IV Dinastía data del reinado del hijo de Khufu y predecesor de Khafre, Djedefre [22]. La cabeza y el cuello de cuarcita representan al rey. La Esfinge representa a Khafre como el dios Horus haciendo ofrendas a su padre Khufu, la encarnación de Ra, que se alza y se pone por el horizonte.

A

B

A y B. La Esfinge, vista en ambas fotos desde el sureste, está estrechamente relacionada con la rampa procesional y el templo bajo de Khafre. Las crecientes humedades y polución atmosférica, unidas a la fragilidad de la caliza de la era eocena, parte de la llamada formación Mokatam (a partir del nombre de la cadena montañosa que se encuentra frente a Guiza, al otro lado del Nilo), ha hecho necesario llevar a cabo un gran trabajo de restauración en el monumento para consolidar el cuerpo y las patas. Los trabajos comenzaron en 1980.

Esta teoría se ve apoyada por varios hechos. Primero, la cerámica del Reino Antiguo encontrada en la zona demuestra que el templo de la Esfinge ya estaba en uso en esa época. Segundo, no existen templo de Re o de cualquier otro dios fechado en la IV Dinastía. El templo de la Esfinge está orientado de este a oeste y contienen un gran patio abierto, de modo que se trata de un templo solar.

Hay evidencias que identifican a Khufu con Ra, de modo que es razonable sugerir que Khufu era adorado como Ra en este templo. Ello también aclara la ausencia de sacerdotes para la Esfinge y su templo en el Reino Antiguo y la gran cantidad de personal funerario asociado al culto de Khufu.

A menudo, Horus es considerado como el hijo de Ra y existe una clara relación entre ambos dioses. Obviamente, la Esfinge representa a Horus, como demuestran sus nombres posteriores. Por lo general, la esfinges están asociadas estrechamente al dios sol Ra, como se puede ver por la presencia de esfinges en el barco sagrado de Ra en el Reino Nuevo. La relación entre Khafre y Horus se puede ver en la estatua de diorita, que presenta a un halcón sobre sus hombros y detrás de la cabeza, además de en la identificación generalmente aceptada de todos los reyes egipcios con Horus, como se ve en sus titulaturas.

Dado que Khafre era el hijo de Khufu y Horus era el hijo de Ra, una vez que se ha identificado a Khufu con Ra, parece razonable equiparar a Khafre con Horus y así identificar a Khafre con la Esfinge.

¿Es posible salvar la Esfinge?

Cuando Napoleón llegó a Egipto en 1798, la Esfinge estaba enterrada hasta el cuello por la arena, faltándole la nariz desde hacía al menos 400 años. En 1816-1817, el mercader genovés Caviglia intentó quitar la arena que llenaba el recinto de la Esfinge. Consiguió excavar una trinchera hacia abajo del pecho de la Esfinge y entre sus patas. Auguste Mariette, fundador del Servicio de Antigüedades Egipcias, comenzó sus excavaciones en 1853. Frustrado por la inmensa cantidad de arena, abandonó el trabajo para explorar el templo del valle de Khafre. Reanudó la excavación en 1858 y fue entonces

cuando limpió la arena hasta el suelo de roca en torno a la Esfinge, descubriendo varias partes de los antiguos muros de protección que había alrededor del recinto. También encontró extrañas cajas de sillería junto al cuerpo de la Esfinge, que pudieron haber sido las bases para pequeños santuarios. Mariette también limpió la Gran Fisura ,allí donde corta la espalda de la Esfinge.

En 1885, Gaston Maspero, director del Servicio de Antigüedades, comenzó un nuevo intento de limpiar la Esfinge. Diversos problemas logísticos le obligaron a abandonar el proyecto tras haber despejado el trabajo realizado por Caviglia y Mariette.

Entre 1925 y 1926, el ingeniero francés Emile Baraize excavó la Esfinge para el Servicio de Antigüedades. Mientras excavaba junto al cuerpo del monumento, encontró muchos bloques de antiguas restauraciones repartidos por la arena; los reemplazós y añadió muchos él mismo, pequeños, del tamaño de ladrillos. Baraize añadió contrafuertes para sujetar los estratos en voladizo de la roca perteneciente al Miembro II, en la cara norte del cuerpo de la Esfinge.

Durante la Segunda Guerra Mundial, se colocaron sacos terreros contra el pecho de la Esfinge y bajo su barbilla para sujetar la cabeza gigante en caso de bombardeos aéreos. Las restauraciones de las décadas de 1950 y 1970 remendaron el revestimiento de sillería en torno a las partes inferiores del monumento.

En 1979, el Proyecto Esfinge del American Research Center in Egypt (JARCE), en colaboración con el

C. El rostro de la Esfinge se ha deteriorado considerablemente desde su aspecto original. El uraeus, o cobra sagrada, que en tiempos decoraba su frente, ha desaparecido, al igual que parte de la nariz y la barba ritual. No obstante, pocos cambios se pueden apreciar con respecto a los dibujos realizados por los pintores y artistas del siglo XIX.

C

Instituto Arqueológico Alemán en El Cairo, produjo los primeros planos y alzados detallados de la estatua. En los dibujos se dio una clave de color a las diferentes fases de las restauraciones, antiguas y modernas. Por entonces, la sillería recubría el cuerpo hasta una tercera parte de su altura en el lado norte y unos dos tercios en el lado sur.

Se hizo evidente que la sillería moderna y grecorromana (Fase III) comenzaba a descascarillarse y desmenuzarse con más rapidez que la sillería faraónica (Fase I y Fase II), la cual había desarrollado una pátina marrón claro que por lo general había protegido su superficie durante mil años. Sin embargo, la sillería añadida a la Esfinge en fechas tan tempranas como 1926, o incluso 1973, se estaba descascarillando, probablemente debido a las propiedades de la piedra, el mayor contenido en sal de las piedras y mortero más recientes y el modo en que se habían aparejado los bloques.

En la sillería grecorromana y moderna, las juntas entre los pequeños bloques tienen apenas unos centímetros por la parte externa; la parte posterior de cada sillar está rebajada. El estrecho espacio entre los sillares adyacentes se rellenó con mortero. Cuando las piedras se deterioran, el contacto entre los sillares es lo primero que se pierde, dejando los bloques adheridos precariamente con el mortero posterior.

En octubre de 1981, una sección de la deteriorada sillería de la Fase III colocada en 1926 se vino abajo en la pata trasera norte, poniendo de relieve la mala condición de la Esfinge. En 1981-1982, el Comité de la Esfinge de la Organización de Antigüedades Egipcias (EAO) decidió reemplazar gran parte de la restauración romana y de Baraize de todo el cuerpo. El equipo de restauración utilizó piedras nuevas que eran mayores que las de la Fase III y la piedras viejas sencillamente se tiraron.

Comenzó entonces un estudio sistemático sobre la capa freática, la polución y las propiedades de las piedras y el mortero, pero no se hizo caso de ninguno de los descubrimientos ni

recomendaciones a la hora de colocar el nuevo recubrimiento, tarea que continuó hasta 1987. Durante este tiempo, la mayor parte de la roca natural expuesta en los dos tercios superiores del lado norte fue cubierta con refuerzos de piedra y mortero que rellenaban los huecos y sujetaban los estratos en voladizo del Miembro II. El mismo tratamiento se aplicó a las ancas y el tercio superior del cuerpo de león. Sobre estos refuerzos se comenzó un nuevo recubrimiento exterior, que modificó notablemente el aspecto de la Esfinge tal cual nos la había dejado Baraize.

A lo largo de todo este trabajo, nunca se prestó atención a los problemas con el núcleo de roca de la Esfinge. Los refuerzos y la sillería de revestimiento deberían detener la caída de nuevas partes de la Esfinge, pero se desconocía el efecto de los nuevos

materiales sobre la superficie natural de la roca, que se había venido descascarillando y deshaciendo. En 1987, el nuevo recubrimiento ya había comenzado a caerse debido al afloramiento de sales en la piedra y el mortero. Debido quizá a la humedad procedente del núcleo del cuerpo (sobre todo a lo largo de la Gran Fisura en el lado norte), los sillares de la restauración de la década de 1980 comenzaron a caerse, como si la Esfinge estuviera sacudiéndose un manto indeseado. Los trabajos en el nuevo revestimiento se detuvieron en 1987. En febrero de 1988 se desprendió un gran fragmento de caliza del hombro sur.

En 1989 se nombró un nuevo Comité de la Esfinge, formado por especialistas de la EAO y las universidades egipcias, así como por expertos extranjeros. Todos estuvieron de acuerdo en que los sillares del revestimiento y el dañino mortero de cemento y yeso de las anteriores restauraciones debía quitarse de inmediato. La idea era reemplazar las piedras de 1982-1987, que encajaban en los tamaños y disposición que existía en 1979, utilizando los planos y alzados del Proyecto ARCE de la Esfinge como guía. Se prestaría especial atención a la conservación del modelado de las patas y el cuerpo tal cual se veía en las restauraciones antiguas.

La primera parte del proyecto consistía en análisis y trabajos de restauración en zonas escogidas, incluidas la pata anterior meridional, el costado sur y la cola. El Egyptian National Research Institute of Astronomy and Geophisics estudió la capa freática, que podía haber descendido gracias al nuevo sistema de alcantarillado instalado en la cercana Nazlet el-Samman, que antaño fue uno

B

C

A. Un trabajador, usando las mismas técnicas que durante la época faraónica, emplea un martillo y un cincel para terminar los nuevos bloques de caliza utilizados en las más reciente restauración.

A

D

B y D. Durante la primera restauración, de 1980, los bloques de caliza utilizados para consolidar las patas de la Esfinge, en donde se estaba infiltrando agua, fueron colocados en su sitio utilizando un pegamento a base de cemento. Hoy los nuevos bloques se colocan con técnicas más adecuadas.

C. Debajo del monumento, en la parte norte de la Esfinge, se encontró un pequeño túnel sin salida y sin inscripciones.

de los varios poblados de la llanura al pie de las pirámides, pero que se había convertido en un virtual suburbio de El Cairo con más de 300.000 habitantes.

Un estudio de las canteras permitió a los restauradores escoger una en Helwan para las nuevas piedras de la restauración, después de que diversos análisis demostraran que sus propiedades coincidían con las piedras bien conservadas de las restauraciones antiguas. El nuevo equipo sigue el plan de conservación desarrollado en 1989. El revestimiento de piedra de la década de 1980 está siendo desmantelado y el mortero de esta y otras restauraciones modernas limpiado. En vez de utilizar delgadas losas de piedra que sólo están en contacto una fracción de pulgada, el equipo está colocando bloques que están en contacto en gran parte de su grueso, tanto en el plano que los recibe como en el plano de las junturas verticales. También utilizan un sistema para unir bloques adyacentes que permite un fácil remplazo caso de que alguno de ellos comience a deteriorarse.

En mayo de 1990, el Getty Conservation Institute instaló una estación de vigilancia alimentada por energía solar en la espalda de la Esfinge, diseñada para medir factores ambientales potencialmente dañinos como el viento, la lluvia, la humedad atmosférica y la condensación. Los datos recogidos hasta ahora indican la existencia de un viento noroeste cargado de partículas de arena como la principal fuente de erosión eólica y que la humedad de la atmósfera reacciona diariamente con las sales de la caliza y contribuye, al menos en parte, al severo descascarillamiento del núcleo de roca (Miembro II).

Para ocuparse de estas cuestiones, el ministro de Cultura organizó el primer simposio sobre la Esfinge, que tuvo lugar en El Cairo en febrero de 1992, al que asistieron geólogos, conservadores, historiadores del arte, químicos, arqueólogos y egiptólogos.

Hasta ahora, el problema del deterioro del Miembro II no se ha resuelto. El continuo deterioro de estas capas es bastante pronunciado en el pecho, que no se ha cubierto con sillería en las restauraciones modernas. Algunos científicos han sugerido que se inyecte al pecho un consolidante químico, mientras que otros quiere recubrirlo con caliza

E

F

para protegerlo del viento. La desventaja de inyectar el núcleo de roca es que no hay suficientes datos sobre los efectos a largo plazo de los diferentes consolidantes, mientras que la desventaja del recubrimiento es que modifica radicalmente la apariencia de la Esfinge y que no estamos seguros de qué le sucedería a la roca que quedara cubierta. Esto también es cierto para el relleno, los refuerzos y el recubrimiento que se han ido colocando sobre el núcleo de roca de la Esfinge desde 1926 (pero sobre todo en el período entre 1981 y 1987).

Un especialista ha sugerido devolverle a la Esfinge el estado que tenía en 1926, antes de las reparaciones de Baraize y «congelar» el monumento en ese estado.

Todos coinciden en que debe realizarse un estudio coordinado, sistemático y apolítico. Por ejemplo, se pueden realizar diversos tratamientos en muros temporales de caliza o en partes expuestas de roca en las cercanas canteras de Guiza. El resultado puede ser estudiado durante un período de dos o tres años para determinar cómo se

comporta el tratamiento. Si bien la Esfinge se está deteriorando rápidamente según la escala que mide el tiempo en cientos o miles de años, no lo hace tan rápidamente como para que no tengamos tiempo de realizar más y mejores estudios preliminares antes de actuar. De hecho, la lección que aprendimos de la restauración de 1981-1987 es que los peores tratamientos son los mal concebidos, aplicados con la esperanza de que remediarán, o cuando menos enmascararán, el problema de forma rápida.

E. En 1990, el Getty Conservation Institute instaló un dispositivo electrónico en la Esfinge con la intención de estudiar el entorno atmosférico, en un intento por comprender los motivos de los problemas de su conservación. Posteriormente, en 1992, tuvo lugar en El Cairo un simposio multidisciplinar en un intento de abordar todos los aspectos del problema.

F. La Esfinge fue restaurada utilizando las últimas tecnologías, junto a sistemas tradicionales, pero efectivos, sobre todo para el traslado de bloques sin utilizar métodos mecánicos potencialmente dañinos.

LA PIRÁMIDE DE MENKAURE (MICERINO)

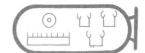

Nombre antiguo: «Menkaure es divino»
Altura original: 65-66 metros
Altura actual: 65,5 metros
Lado de la base: 103,4 metros
Ángulo: 51E20'

C. Originalmente, el tercio inferior de la pirámide estaba recubierta de granito, parte del cual todavía se puede ver en las primeras hiladas.

A. Junto a la cara sur de la pirámide de Menkaure, que es la más pequeña y meridional de las de Guiza, hay tres pirámides secundarias.

B. Durante la época de los mamelucos se abrió una brecha en el centro de la cara norte de la pirámide. La entrada al monumento fue descubierta por Perring y Vyse en 1837.

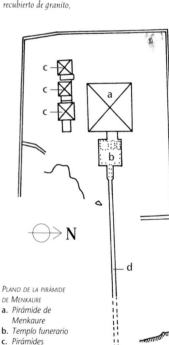

→ N

PLANO DE LA PIRÁMIDE DE MENKAURE
a. Pirámide de Menkaure
b. Templo funerario
c. Pirámides secundarias
d. Restos de la rampa procesional
e. Restos del templo bajo
f. Tumba de Khentkawes (madre de Userkaf y Sahure)

La pirámide de Menkaure, hijo y sucesor de Khafre[23], conocido por los griegos como Micerino, es la más pequeña de las de Guiza. Fue abierta por Vyse y Perring en 1837. Al contrario que las pirámides anteriores, sus caras estaban recubiertas de granito hasta el primer tercio de su altura, con caliza recubriendo los dos tercios superiores.

Algunos de estos bloques de granito todavía son visibles en la cara norte de la pirámide, donde se encuentra la entrada, coronada por la gran brecha resultado de los intentos realizados por penetrar en su interior realizados en el período islámico.

La pirámide de Menkaure difiere de las anteriores a ella en la complejidad de sus habitaciones subterráneas, que consisten en una antecámara conectada al corredor de entrada, que tiene 31,75 metros de largo y un ángulo de 26E, y a un túnel prácticamente horizontal de 12,60 metros de largo, bloqueado originalmente cerca de la entrada por tres losas de piedra y que va a parar a una gran sala. Es probable que se trata de la cámara funeraria original. En ella se encontró un sarcófago de madera con el nombre de Menkaure y con huesos, pero se trata de un enterramiento intrusivo muy posterior. Desde aquí, un túnel desciende hacia el

D. El corredor descendente, de 37,75 metros de largo, lleva a una antecámara con muros decorados en fachada de palacio. Desde aquí, un corredor horizontal conduce a la primitiva cámara funeraria.

E. Una habitación dividida en seis pequeños nichos aparece aneja a la cámara funeraria definitiva. Es probable que fuera utilizada para guardar el ajuar funerario.

F. Vista general de la cámara funeraria definitiva, en donde Vyse y Perring encontraron el sarcófago del rey. Éste se perdió en el mar en 1838, cuando el barco Beatrice, que transportaba el descubrimiento a Inglaterra, se hundió.

D

G. Mekaure, en una de sus famosas tríadas encontradas en el templo bajo, aparece entre Hathor y una deidad que personifica uno de los nomos de Egipto. Menkaure era hijo de Khafre y fue el último faraón en ser enterrado en Guiza.

E

oeste, hasta una cámara que contiene varios profundos nichos para el ajuar funerario y luego llega hasta la verdadera cámara funeraria, donde Perring y Vyse encontraron el sarcófago con la decoración en fachada de palacio. El sarcófago se perdió al hundirse el barco que lo transportaba a Inglaterra.

En la cara sur de la pirámide hay tres pirámides satélite, la más oriental de las cuales, que es la más grande y mejor conservada, se atribuye a la esposa real de Menkaure, Khamerernebty II. En 1996, durante un estudio a gran escala que incluía la limpieza de arena y detritos,en la cara oriental de esta pirámide se encontró una estatua anepígrafa de la XIX Dinastía que representa a Ramsés II junto a una deidad.

F

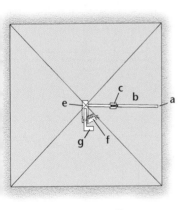

G

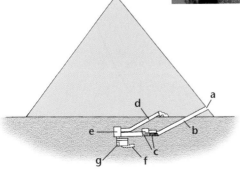

EL TEMPLO FUNERARIO

A. El templo funerario de Menkaure, cuyas ruinas todavía son claramente visibles, es una compleja estructura con un patio rectangular con un doble pórtico en un extremo, detrás del cual se encuentra el santuario. Para construir el templo se utilizaron tanto ladrillos de adobe como bloques de caliza y granito, posiblemente con la intención de acelerar su compleción. Esto explica el deterioro de muchas de las partes del edificio.

Los vestigios del templo funerario son visibles en el lado oriental de la pirámide. Consiste en una estructura que incluye un vestíbulo y un patio rectangular, que se continuaba hacia el oeste en un pórtico cuya cubierta estaba soportada por una columnata doble. El pórtico llevaba al santuario, flanqueado al norte y al sur por habitaciones y corredores.

La rampa procesional iba desde el templo alto hasta el templo del valle, ahora enterrado en la arena. En 1908, George A. Reisner dirigió una expedición de la Harvard University y el Boston Museum durante la cual descubrió las cuatro famosas tríadas que representan al faraón flanqueado por la diosa Hathor y otras cuatro deidades que son personificaciones de otros tantos *nomos* (provincias). Tres de estas estelas están en el Museo de El Cairo, mientras que la cuarta se halla en el Museo de Boston.

PLANO DEL TEMPLO
FUNERARIO DE MENKAURE
a. Rampa procesional
b. Vestíbulo
c. Patio rectangular
d. Pórtico con columnata doble
e. Santuario
f. Estructuras anejas
g. Pirámide

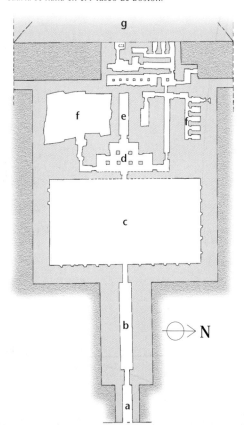

B, C y D. En el lado sur de la pirámide de Menkaure hay tres pirámides secundarias. La primera, que los arqueólogos identifican con las siglas GIIIa, es de caras lisas y probablemente fuera la pirámide satélite, con una función religiosa (foto central). Las otras dos, identificadas como GIIIb y GIIIc, son pirámides escalonadas que pertenecieron a las esposas reales (foto inferior).

EL DESCUBRIMIENTO DE UN PAR DE ESTATUAS

Zahi Hawas

E

Mi excavación en torno a la pirámide de Menkaure comenzó en 1996. El propósito de la misma era descubrir, no sólo los barcos de la pirámide, sino también los restos de la rampa utilizada para transportar las piedras utilizadas en su construcción.

Comenzamos los trabajos en el lado sur de la tercera pirámide y en el lado oeste de la pirámide de la reina, conocida como GIIIa. Cual no sería nuestra sorpresa al descubrir una estatua pareada de Ramsés II, hallada bajo 3 metros de arena. Tallada en un único bloque de piedra, la estatua doble reposaba sobre su espalda. Medía unos 3 metros de alto por 40 centímetros de grueso, con un peso de 3,5 toneladas. La estatua data de unos 1.400 años después de la pirámide de Menkare, hace más de tres mil años. La figura de la izquierda representa a Ramsés II con la falsa barba de la realeza, la cobra real en la frente y el tocado *nemes*. La figura de al lado también representa a Ramsés II, con la cabeza adornada con el disco solar que simbolizaba al dios Ra-Harakhty, «Horus del horizonte», que en el Reino Nuevo fue identificado con la Esfinge. De este modo, el rey se identificaba tanto con Horus, el soberano sobre la tierra, como con el dios, el gobernante del otro mundo.

Los cartuchos con los nombres del rey no se inscribieron. Las estatuas se dejaron sin terminar, quizá debido a la fractura que presenta el bloque de piedra a la altura del pecho de ambas figuras; apesar de ello es una bella estatua. Se trata de la primera estatua del Reino Nuevo encontrada en Guiza. ¿Por qué se encuentra aquí? En la segunda pirámide, la de Khafre, hay una inscripción de un hombre llamado May, que fue el arquitecto de Menfis en época de Ramsés II. Parece que ordenó a sus escultores que tallaran estatuas de «Su Majestad Ramsés II» con el granito de la tercera pirámide.

F

G

E, F y G. Una estatua incompleta sin inscripciones, pero que representa a Ramsés II (foto inferior) fue encontrada en 1996 en la esquina noreste de la más oriental de las pirámides secundarias de Menkaure (GIIIa). La estatua, esculpida en un solo bloque de granito, era doble y mostraba a Ramsés II como rey y una deidad identificada con Ra-Horakhty. Es probable que la escultura fuera abandonada debido a la fractura que dividió el bloque de granito en dos. Fue encontrada cerca de la pirámide de Menkaure, cuyas hiladas inferiores fueron recubiertas de granito 1.400 años antes.

No se trataba de una orden sorprendente. No obstante, durante los trabajos en esta díada, el granito se rompió y los escultores abandonaron la estatua para que nosotros la encontráramos. Por cosas como esta decimos que nunca se sabe qué secretos ocultan las arenas de Egipto.

LAS NECRÓPOLIS DE PARTICULARES JUNTO A LA GRAN PIRÁMIDE

Al este y oeste de la Gran Pirámide hay dos grandes necrópolis de particulares formadas por cientos de mastabas dispuestas ortogonalmente en precisas filas paralelas. Se trata de las tumbas de funcionarios y altos dignatarios de Khufu que recibieron el privilegio de ser enterrados cerca de la pirámide. Una tercera necrópolis, menos extensa e importante que las dos primeras, se encuentra al sur de la pirámide. Contiene, entre otras, la tumba de Seshemnefer, un dignatario que vivió a finales de la IV Dinastía.

Las tumbas de estas necrópolis fueron investigadas por primera vez de forma sistemática por Richard Lepsius en 1848, quien le dio a cada una un número. La investigación fue continuada por Auguste Mariette, que publicó una obra esencial titulada *Les mastabas de l'Ancien Empire* y, más recientemente, en la década de 1920, por

la expedición de la Harvard University and Boston Museum dirigida por Reisner, que dio a las tumbas un sistema de numeración nuevo y más completo, que todavía se utiliza en la actualidad (las tumbas están identificadas mediante una serie de cuatro números precedidos por la letra G), y por la expedición austro-alemana encabezada por Hermann Junker, que trabajó sobre todo en la necrópolis occidental.

LA NECRÓPOLIS ORIENTAL

Esta necrópolis comienza justo al este de las tres pirámides secundarias y está formada por siete filas alineadas de mastabas dispuestas en dos grandes grupos, con la mastaba gigante del príncipe Ankh-khaf (G 7510) situada en su esquina noreste. Cerca de la más septentrional de las pirámides secundarias, atribuida a la reina Hetepheres I, la madre de Khufu, se encuentra el pozo de su tumba, descubierto por Reisner en 1925. Su rico ajuar funerario, expuesto en el Museo de El Cairo, atestigua el gran nivel artístico que habían conseguido los artesanos egipcios a mediados del tercer milenio a.C.

Al sureste de la pirámide de Hetepheres están las tumbas de Qar e Idu, más al sur, cerca de la pirámide de Henutsen, las de Meresankh III y Khufukhaf.

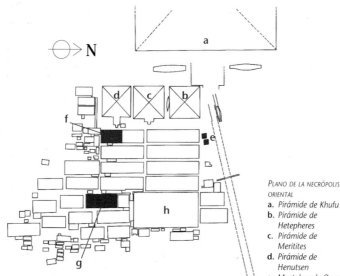

⊕→ N

PLANO DE LA NECRÓPOLIS ORIENTAL
a. *Pirámide de Khufu*
b. *Pirámide de Hetepheres*
c. *Pirámide de Meritites*
d. *Pirámide de Henutsen*
e. *Mastabas de Qar e Idu*
f. *Mastaba de Khufukhaf*
g. *Mastaba de Meresankh III*
h. *Mastaba del príncipe Ankh-haf (G 7510)*

A. Al este y oeste de la pirámide de Khufu hay dos necrópolis de particulares conocidas como el cementerio oriental y el cementerio occidental, formados por dos filas paralelas y alineadas de

mastabas separadas por espacios bien definidos.

B. Reconstrucción tridimensional de una parte de las necrópolis de particulares de la pirámide de Khufu.

LA MASTABA DE QAR (G 7101)

Principales títulos: Regente de la pirámide de Pepi I; supervisor de la ciudad de la pirámide de Khufu y Menkaure; supervisor de los sacerdotes de la pirámide de Khafre
Período: VI Dinastía

C. Las mastabas de Qar e Idu, dos funcionarios de alto rango que probablemente fueran padre e hijo, se encuentran localizadas casi pared con pared al sureste de la pirámide de Hetepheres.

La tumba de este funcionario, conocido como Qar aunque su nombre real era Merynefer, que vivió durante la VI Dinastía, probablemente durante el reinado de Pepi II, es interesante por las encantadoras estatuas del difunto con su familia, esculpidas en altorrelieve en el muro sur de la primera habitación, en la que también se pueden ver varios elegantes bajorrelieves decorando los muros norte y oeste.

Al norte hay una imagen de ofrendas siendo presentadas al difunto, mientras que la escena del muro oeste continúa con una representación del ritual funerario. Cerca de la esquina suroeste de la primera habitación se encuentra la entrada a una segunda habitación, en donde se puede ver la estela de falsa puerta.

PLANO DE LA MASTABA QAR
a. *Entrada*
b. *Primera habitación*
c. *Nicho con estatua sedente del difunto*
d. *Estatuas del difunto y su familia*
e. *Anexo oriental*
f. *Segunda habitación*
g. *Estela de falsa puerta*

D. Un pilar que soporta un robusto arquitrabe, ambos con textos jeroglíficos, divide la habitación principal en dos secciones. La segunda de ellas contiene una serie de estatuas esculpidas en altorrelieve.

G. En un nicho en el muro este de la primera habitación se puede ver una estatua del difunto sentado.

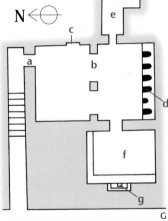

N ⟵⊖

E. Qar, un funcionario de alto rango que vivió durante la VI Dinastía, aparece representado aquí en un relieve policromo en una de las jambas de la puerta que conduce a la segunda habitación.

F. Las estatuas esculpidas en el muro sur de la primera habitación representan al difunto (en el extremo derecho), flanqueado por su hijo y otros miembros de la familia.

LA MASTABA DE IDU (G 7102)

Principales títulos: Escriba de los documentos reales en presencia del rey
Período: VI Dinastía

La tumba de Idu, que probablemente fuera el padre o el hijo de Qar, se encuentra localizada a una docena de metros de la anterior y presenta claras similitudes estilísticas con ella, aunque es mucho más pequeña.

La tumba tiene una única habitación rectangular, con el eje mayor orientado de norte a sur. El muro oeste está decorado con una serie de estatuas en altorrelieve que representan al difunto, delante del cual, en la pared este, hay una estela de falsa puerta.

La estructura decorativa de la tumba enfatiza los temas funerarios. En el muro sur, a izquierda y derecha de la puerta, hay una representación de la casa del difunto, de la tienda de purificación y de la procesión funeraria, mientras que en el muro trasero (el septentrional) hay varias escenas que tienen lugar delante del difunto, que está sentado en un palanquín e incluyen la preparación de comida y bebida, música con bailarines y personas trayendo ofrendas.

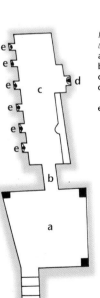

N

PLANO DE LA MASTABA DE IDU
a. Vestíbulo
b. Entrada
c. Capilla de ofrendas
d. Estela de falsa puerta
e. Estatuas

A. Detalle de un bajorrelieve que muestra al difunto delante de una mesa con ofrendas. Idu, cuyo rostro está esculpido de forma muy elegante, lleva la habitual peluca y collar ancho.

B. La estela de falsa puerta está en el centro del muro este de la sala rectangular, la única habitación de la tumba. Una estatua en el centro de la estela de falsa puerta, muestra al difunto sentado, con las manos sobre las rodillas y las palmas abiertas y hacia arriba para recibir las ofrendas.

C. La entrada de la mastaba de Idu se encuentra a una docena de metros al este de la de Qar, que fue o bien el padre o bien el hijo de Idu.

D. Este bajorrelieve en el centro de la estela de falsa puerta, encima de la estatua de Idu, muestra al difunto y a su esposa delante de una mesa con ofrendas.

E. En los nichos del muro oeste de la tumba se pueden ver seis esculturas en altorrelieve del difunto y su familia. La estatua muestra al Qar, junto a su hijo pequeño.

LA MASTABA DE LA REINA
MERESANKH III (G 7530-40)

F. En los dos pilares de
la primera sala aparece
Meresankh III de pie,
vestida con una elegante
túnica de lino.

Principales títulos: Hija del rey; Esposa
real de Khafre
Período: IV Dinastía

La mastaba de Meresankh (o
Mersyankh) III es una de las tumbas
más bonitas del cementerio gracias a la
calidad de sus relieves, que han
conservado la mayor parte de los
colores. La princesa, que murió
aproximadamente con 50 años de
edad, era la hija de Kawab y
Hetepheres II, ambos hijos de Khufu.
Posteriormente se casaría con su
hermanastro Khafre.

La tumba consiste en dos
habitaciones rectangulares dispuestas
de norte a sur. Los muros de la primera
están decorados sobre todo con
escenas agrícolas, náuticas y de pesca.
Meresankh y Hetepheres aparecen
recogiendo flores de loto y capturando
aves con redes en las marismas.
Particularmente interesantes son las
escenas de la parte del muro oriental
que se encuentra a la izquierda de la
puerta de entrada, dividido en cinco
paneles que muestran la producción de
estatuas. En esta sección se encuentra
una representación de un artista
pintando una estatua de la reina (junto
a la cual Reisner pudo leer un nombre,
«Rehay», hoy prácticamente ilegible);
cerca hay una imagen del escultor
Inkaf, concentrado en la creación de
una segunda estatua de Meresankh. No
sabemos si estos dos personajes fueron
los decoradores principales de la
tumba, pero ciertamente se trata de la
primera representación de artistas
identificados con su nombre. En el
muro sur adyacente hay tres nichos
que contienen seis estatuas masculinas
en altorrelieve que no han podido ser
identificadas con precisión. En el muro
norte hay dos pilares cuadrados,
pasados los cuales hay una extensión
de la primera cámara. Aquí, en la pared
rocosa, se excavó un enorme nicho en
el que se esculpieron en altorrelieve
diez grandes estatuas que representan a
varias mujeres, que van disminuyendo
de tamaño de derecha a izquierda.
Como no hay inscripciones

individuales, se considera que estas
estatuas representan a la difunta, a su
madre Hetpheres, a su hija Shepseskau
y a sus otras hijas. El muro oeste, en
cuya sección meridional hay una estela
de falsa puerta sin terminar, tiene dos
grandes vanos por los que se pasa a la
sala de ofrendas. Aquí, además de los
temas agrícolas, visibles en el pequeño
muro este, hay una escena de banquete
funerario con cantantes y músicos
(muro norte), mientras que en el muro
oeste hay otros dos nichos con dos
estatuas cada uno, probablemente
imágenes de Meresankh y Hetepheres.
Los nichos flanquean una segunda
estela de falsa puerta. Esta habitación
también contiene el muro que lleva a
la cámara funeraria, situada a 5 metros
de profundidad. En ella Reisner
encontró, en 1927, un
sarcófago de granito negro con la
momia de la reina, que fue
transferida al Museo de El
Cairo.

PLANO DE LA MASTABA DE
MERESANKH III
a. Entrada
b. Habitación principal
c. Nichos con estatuas
d. Estela de falsa puerta
e. Habitación
    occidental
f. Nichos con
    estatuas
g. Segunda falsa
    puerta este
h. Pozo
i. Grupo de diez
    estatuas

G. La parte norte de la
primera habitación
queda separa por dos
pilares cuadrangulares.
Al fondo hay una fila
de diez estatuas,
esculpidas en
altorrelieve, que
representan a
Meresankh III,
Hetepheres y otros
jóvenes miembros
femeninos de la familia.

H. En el muro este de la
primera habitación, a la
izquierda de la entrada,
aparecen dos artistas
trabajando en una
estatua cada uno: sus
nombres, Rehay e Inkaf,
aparecen indicados junto
a ellos.

I. Las escenas que
muestran la preparación
de la comida están en un
estado especialmente
bueno de conservación.

LA MASTABA DE KHUFUKHAF
(G 7130-7140)

Principales títulos: Canciller; hijo del
rey
Período: IV Dinastía

La tumba de este príncipe, el hijo de
Khufu, se encuentra localizada al este
de la pirámide de su madre, la reina
Henutsen, que es la central del grupo
de tres pirámide secundarias de Khufu.
Los bajorrelieves que decoran los
muros de esta pequeña tumba son
bastante delicados y se conservan
perfectamente, aunque no queda resto
alguno de color. En los paneles a
izquierda y derecha de la puerta de la
sala de ofrendas hay dos grandes
imágenes del difunto con su madre (a

la izquierda) y su hijo (a la derecha),
mientras reciben ofrendas. El tema de
las ofrendas continúa en la siguiente
habitación, donde también hay una
estela de falsa puerta y, en la parte
norte, dispuesta en cinco paneles, una
procesión de personas llevando
ofrendas desde las posesiones del
dueño de la tumba, quien aparece
acompañado por su esposa. Esta
habitación da paso a la cámara
funeraria, sin decorar, que
probablemente sea de época posterior.

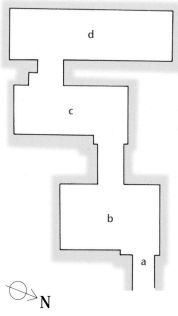

N

*PLANO DE LA MASTABA
DE KHUFUKHAF*
a. *Entrada*
b. *Vestíbulo*
c. *Habitación principal*
d. *Cámara funeraria*

*A. El príncipe
Khufukhaf representado
sentado delante de una
mesa de ofrendas.*

*B. El muro este de la
sala principal contiene
tres registros que
representan personas
llevando ofrendas al
difunto.*

*C. Khufukhaf, aquí
junto a su madre, recibe
ofrendas.*

*D. En el muro este de la
segunda habitación,
una bella puerta con
las jambas y dinteles
decorados con
bajorrelieves y textos,
conduce a la cámara
funeraria.*

*E. La cámara
funeraria, con su techo
sin decorar,
probablemente date de
una época posterior.*

*F. El difunto recibe una
flor de loto de una
mujer joven,
probablemente una de
sus hijas.*

80

LA NECRÓPOLIS OCCIDENTAL

G

La necrópolis occidental se puede dividir en tres sectores: este, central y oeste. La tumba de Iasen está situada en el primero, el segundo está dominado por la inmensa masa de la mastaba 2.000 (correspondiente al n.º 23 de Lepsius), construida para un alto pero desconocido dignatario de la época de Khufu o Khafre, mientras que la tumba de Iymery se encuentra en la sección oeste.

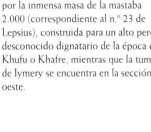

H

I

G. Frente a la cara oeste de la pirámide de Khufu, aquí vista desde el sur, las mastabas que forman la necrópolis occidental aparecen perfectamente alineadas en filas paralelas.

H. La excavación de la necrópolis occidental continúa bajo la dirección de Zahi Hawass, habiendo producido el descubrimientos de interesantes tumbas nuevas.

I y K. Las pinturas de la tumba de Kai todavía conservan sus bellos colores, como se puede ver en este retrato del difundo (arriba) y en las escenas de la presentación de ofrendas en los cuatro registros a los lados de la estela de falsa puerta (debajo).

J

J. Este relieve extraordinariamente elegante representa a un dignatario llamado Kai, cuya tumba fue descubierta recientemente durante las excavaciones del cementerio oeste dirigidas por Zahi Hawass.

PLANO DE LA NECRÓPOLIS OCCIDENTAL
- **a.** *Pirámide de Khufu*
- **b.** *Mastaba n.º 2.000*
- **c.** *Tumba de Iasen*
- **d.** *Tumba de Kaemankh*
- **e.** *Tumba de Iymery*

K

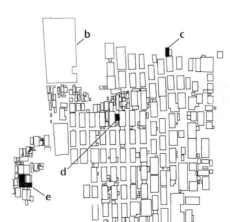

N

LA MASTABA DE IASEN (G 2196)

Principales títulos: Supervisor de los
huéspedes de la Gran Casa;
supervisor de sacerdotes
Período: V-VI Dinastías

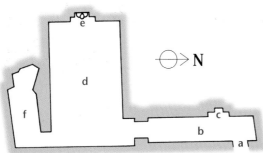

Esta pequeña tumba consiste en un estrecho corredor que conduce a una sala de ofrendas cuyo eje principal, este-oeste, es perpendicular al del corredor. Los bajorrelieves de los muros este y oeste representan escenas agrícolas o de pesca, en las cuales el difunto, en ocasiones sentado y en ocasiones de pie y acompañado por su esposa e hijo, aparece bien participando, bien supervisando. En el muro oeste hay una larga escena de Iasen recibiendo personas que traen ofrendas, mientras escucha música, se cocinan alimentos y se matan reses. La parte central del muro oeste contiene un nicho que alberga una gran estatua del difunto en altorrelieve.

A. En el gran nicho localizado en el centro de la habitación principal hay una estatua en altorrelieve que representa a Iasen, de pie, vestido con el clásico faldellín triangular con cinturón en la cintura.

B. Reses con grandes cuernos son presentadas al difunto.

C. En el corredor entre los muros sur y este hay dos escenas simétricas en las cuales el difunto, representado a gran tamaño, aparece sentado delante de una mesa de ofrendas mientras recibe presentes.

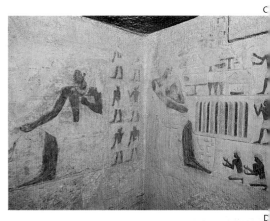

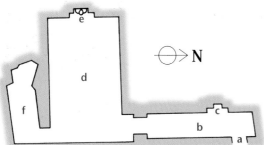

D. Iasen, de pie junto a su esposa y su joven hijo, que aparece representado a menor tamaño delante de él, recibe ofrendas entre las que hay reses.

LA MASTABA DE KAEMANKH (G 2196)

Principales títulos: Supervisor de los profetas; supervisor del Tesoro
Período: VI Dinastía

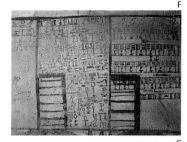

F

G

Esta pequeña tumba al este de la mastaba 2.000, estudiada por la expedición austro-alemana de Junker, es notable por su cámara funeraria, completamente decorada con coloristas pinturas murales, aplicadas directamente sobre muros enlucidos con yeso, sin bajorrelieves.

La tumba tiene forma de L y la estructura principal tiene forma rectangular, con el eje principal en sentido norte-sur.

Las paredes están decoradas con bajorrelieves que representan al difunto, acompañado de su esposa, mientras escucha música o mira varios juegos y, en la estructura lateral, mientras pesca con arpón desde una barca de papiro en las marismas. Delante de este escena se encuentra la boca del pozo que conduce a la pequeña cámara funeraria.

Algunas de las escenas representadas en las pinturas murales son bastante poco habituales y son las precursoras de aquellas que aparecerán más tarde en las tumbas tebanas del Reino Nuevo. En el muro sur hay representaciones de las ofrendas funerarias, un hombre construyendo una cama, diversas jarras y recipientes, además de escenas de baile con músicos. En el muro de enfrente, el norte, y en la parte septentrional del muro oeste adyacente, hay pinturas de barcos y de cuatro almacenes en forma de silos, el contenido de los cuales se especifica, mientras que la mayor parte del muro oeste contiene una bella escena agrícola con ganado, la cosecha y la recogida.

H. Dos registros, el primero con una escena agrícola en la que unos campesinos llevan ganado, y el segundo con una escena náutica en la que un barco transporta ganado. El estilo artístico comienza a reflejar lo que será en el Reino Nuevo.

I. La preparación del ajuar funerario es uno de los temas representados en el muro oeste. Uno de los muchos objetos representados es una cama, debajo de la cual hay un reposacabezas, que los egipcios utilizaban en vez de almohadas.

E

H

I

E. Dos hombres dibujados mientras preparan comida y bebida. Los colores de las pintura de la cámara funeraria todavía se conservan en buenas condiciones.

F. La pequeña mastaba de Kaemankh es inusual porque su cámara funeraria está completamente decorada con pinturas, que son interesantes tanto por su

estilo como por su contenido. En la foto se puede ver un largo texto jeroglífico que describe el contenido de varios almacenes.

G. Un gran sarcófago, en el que están escritos el nombre del difunto y su esposa, ocupa la mayor parte de la pequeña cámara funeraria, a la que se accede por un pozo.

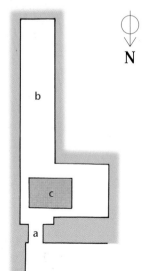

N

b

c

a

PLANO DE LA MASTABA DE KAEMANKH
a. *Entrada*
b. *Capilla de ofrendas*
c. *Pozo*
d. *Cámara funeraria*
e. *Sarcófago*

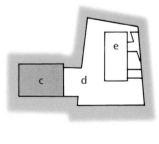

e

c

d

LA MASTABA DE IYMERY (G 6020)

Principales títulos: Profeta de Khufu,
superintendente de la Gran Casa;
hijo de Shepseskafankh
Período: V Dinastía

Esta tumba, localizada en la esquina
suroeste de la necrópolis, está decorada
con bajorrelieves coloristas y bastante
artísticos que tratan temas muy
interesantes.

La tumba de Iymery era muy
popular entre los viajeros del siglo XIX,
que no dudaron en dejar sus firmas en
los muros de la misma, sobre todo los
de la última habitación.

La entrada mira hacia el este y lleva
a un pequeño vestíbulo decorado con
escenas de trabajo (carpinteros,
orfebres y escultores trabajando) y

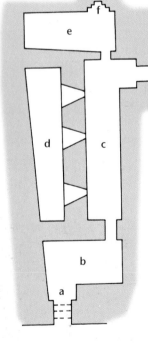

*PLANO DE LA MASTABA
DE IYMERY*
a. *Entrada*
b. *Vestíbulo*
c. *Primera habitación*
d. *Serdab*
e. *Segunda habitación*
f. *Estela de falsa
puerta*

*A y B. Esta escena,
localizada en el muro
oeste de la primera
habitación, a la
izquierda del pasaje
que lleva a la segunda
habitación, es bastante*
*rara en el Reino
Antiguo. Representa el
prensado de la uva
(arriba) y la
preparación del vino,
que luego es vertido en
jarras (abajo).*

 N

*C. La mastaba de
Iymery es una de las
más grandes y más
bellamente decoradas de
toda la necrópolis
occidental. A sido un
destino popular entre los
viajeros desde el siglo
XIX, como demuestran
las numerosas firmas
grabadas en sus muros.
Los colores originales de
estos muy elegantes
bajorrelieves todavía se
conservan en buenas
condiciones, como se
puede ver en esta escena
en dos registros que
representa la
preparación de comida.*

D. El tema del trabajo agrícola aparece representado bastante a menudo en las tumbas. En esta escena, cuatro personas aparecen ocupadas labrando la tierra con azadas de madera, preparándola para las simientes.

E. El vestíbulo contiene escenas de ofrendas realizadas al difunto; la fotografía muestra a un hombre llevando un oryx.

E

F

D

escenas que muestran la entrega de ofrendas al difunto, que unas veces aparece acompañado por su padre Shepseskafankh (muro oeste) y en otras está en su presencia (muro norte).

Al vestíbulo le sigue una primer habitación larga, el muro meridional de la cual muestra la recogida de papiro, escenas náuticas, cría de ganado, ofrendas siendo presentadas al difunto, matanza de ovejas y preparación de comida y bebida. En el muro de enfrente, el norte, hay escenas agrícolas y de caza y pesca en las marismas, además de construcción de barcos y batallas navales que tienen lugar delante de Iymery.

En la segunda habitación de la tumba hay más ofrendas delante del difunto, representado aquí junto a su esposa y su familia, mientras son agasajados con música y baile y los escribas anotan todo lo que se le presenta a Iymery.

Bastante cerca de la tumba de Iymery se encuentran las mastabas de su hijo Neferbauptah (G 6010) y la de Ita (6030), «Supervisor de la música de la Gran Casa». Ambas tumbas eran conocidas y visitadas por los viajeros del siglo XIX.

G

H

I

F. Un tema común en las escenas agrícolas del Reino Antiguo es el nacimiento de un ternero, representado aquí con mucho realismo.

G. En el muro sur de la segunda habitación aparecen dos personas llevando ofrendas, entre las que se cuentan la pata de un buey, al difunto Shepseskafankh.

H. La parte occidental de la primera habitación contiene músicos (harpistas, flautistas, etc.) animando el banquete funerario.

I. Una fila de personas que llevan ofrendas, con grandes cestas repletas de comida y fruta sobre la cabeza y

aves en la mano, representa la procesión de las posesiones terrenales del difunto y su familia.

LOS CONSTRUCTORES DE LAS PIRÁMIDES
Zahi Hawass

Durante siglos, los estudiosos y los visitantes se han sentido atraídos por las maravillas de la meseta de Guiza: las pirámides, la Esfinge y las tumbas de los funcionarios que sirvieron a los reyes de la IV Dinastía, pero ¿qué hay de los trabajadores y artesanos que durante décadas sufrieron para construir estos grandes monumentos? ¿Dónde vivían? ¿Dónde fueron enterrados? Cuando habían terminado su colosal tarea, ¿cómo era la vida diaria de las personas que seguían ligadas a las pirámides y que servían en los templos?

Al contrario de lo que comúnmente se piensa, los constructores de las pirámides no eran esclavos, sino hábiles artesanos y trabajadores que no sólo construyeron los complejos con pirámide, sino que también prepararon y construyeron sus propias tumbas para la eternidad. La Gran Pirámide de Guiza, la última superviviente de las Siete Maravillas del mundo antiguo, ha comenzado a revelarnos al fin algunos de sus más celosamente guardados secretos, uno que ha sido un enigma durante siglos.

¿Quién construyó realmente las pirámides? En primer lugar y sobre todo, el complejo piramidal se ve como un centro de culto para el rey, pero antes de eso había un proyecto constructivo. Miles de trabajadores necesitaban alojamiento, sustento y organización mientras iban a realizar sus tareas diarias. El proceso de la construcción que culminó en el monumento que conocemos como la Gran Pirámide de Khufu —soberano de la IV Dinastía—, ha sido investigado de continuo desde al menos el siglo XIX y aún lo sigue siendo con las excavaciones dirigidas por el autor de estas líneas.

Las estadísticas que rodean la construcción de la pirámide sin duda alarman a la mente moderna. El monumento mide aproximadamente 230 metros de lado en cada una de sus caras, se eleva aproximadamente hasta los 137 metros (la cima estuvo en tiempos a 146 metros), contienen 2,6 millones de metros cúbicos de bloques de piedra, el peso medio de los cuales es de dos toneladas y media, con los bloques más grandes de 15 toneladas cada uno. De las muchas preguntas que se han planteado especialistas y legos, la más importante es la de ¿quiénes eran los que realmente la construyeron? La idea tradicional se centraba en el trabajo esclavo como la única solución posible para la increíble cantidad de mano de obra necesaria para la construcción, una noción que popularizan las referencias bíblicas a Moisés y aparentemente apoyadas por las atractivas imágenes de Cecil B. DeMille en las pantallas de cine.

El camino hacia un conocimiento más exacto ha sido recorrido por muchos especialistas, que han podido ir reuniendo pequeñas piezas de información en un intento por comprender el esquema de trabajo diario de la multitud que trabajaba bajo el sol egipcio. Las pruebas textuales y arqueológicas de esta dinastía del Reino Antiguo señalan la existencia de artesanos y trabajadores que decoraban las tumbas de los reyes, nobles y funcionarios de la corte. Sabemos esto a partir de sus nombres —algunos de los primeros grafitos de la Historia—, que fueron grabados debajo de las escenas en los relieve del príncipe Neb-em-akhet, hijo de Khafre, y pintarrajeados en la calzada de Unas, el último rey de la V Dinastía. Un artista, incluso, se representó a sí mismo entre dos funcionarios en una tumba del complejo de tumbas de Sheik Said.

Los grupos que construyeron la pirámide estaban organizados en *filés*, cada

una dividida en cuatro grupos, cada uno con su propio nombre y supervisor. Dentro de la segunda de las cinco cámaras de descarga de la pirámide de Khufu, los trabajadores dejaros algunos grafitos, así como en algunos de los bloques de la pirámide de la reina. Los grupos tenían nombres como «Seguidores (o borrachos) de Menkaure». Recientemente se han encontrado signos de grafitos en la trinchera de barco localizada en la cara este de la pirámide de Khufu y en los bloques de la cara sur de la pirámide de la reina Henutsen, esposa del constructor de la Gran Pirámide.

La necrópolis de Guiza es uno de los yacimientos mejor y más extensamente excavados de Egipto. Fue aquí donde la investigación fue comenzada por el famoso egiptólogo sir Flinders Petrie en 1880-1882. Petrie excavó una serie de estructuras situadas al oeste del muro del recinto exterior de la pirámide de Khafre. Interpretó ese grupo de habitaciones que había descubierto como una ciudad para los obreros que trabajaron en la pirámide. Las estructuras consisten en largas y estrechas habitaciones alineadas que van a parar a un patio cuadrado, sus muros son de bastos bloques de caliza y están cementados con mortero de barro. Se calculó que las 111 habitaciones podían albergar aproximadamente a 5.500 personas. No obstante, no se encontraron los típicos restos de los lugares de habitación, como huesos, fibras, cenizas y carbón, que confirman la presencia humana. Por lo tanto, la identificación de Petrie es poco probable. En 1988-1989, la zona fue vuelta a excavar, llegándose a la conclusión de que estas habitaciones no responden a las necesidades de una asentamiento humano, sino más bien a las de almacén de suministros y objetos de culto.

G. Reisner en 1955 y, más recientemente, Abdel-Aziz Saleh, investigaron el complejo piramidal de Menkaure. Reisner encontró restos de casas de adobe del Reino Antiguo en el patio central al este del templo del valle de Menkaure. La evidencia arqueológica indica que ésta era la ciudad de la pirámide de los trabajadores asociados a esta pirámide. Saleh excavó un complejo de muros de mampostería situado a unos 73 metros al sur de la calzada de Menkaure, descubriendo unos largos cimientos asociados a un complejo industrial formado por talleres que producían artefactos cultuales para el rey. En esta zona se encontraron quince edificios de mampostería y mortero con diferentes formas y número de habitaciones. También se descubrieron hornos para cocer pan o cerámica, así como complejos para la preparación de la arcilla.

Entre 1971 y 1975, K. Kromer, un arqueólogo austriaco, llevó a cabo una serie de excavaciones en un amplio montículo de desechos de asentamiento, en la esquina norte de una depresión en forma de cuenco detrás de una prominente loma que dominaba el *wadi* (el lecho seco del curso de agua, una rambla) principal. Los hallazgos realizados en los estratos excavados consistieron en trozos de hueso, ceniza, fragmentos de cerámica, restos de ladrillos de adobe y sellos de barro de Khufu y Khafre. A partir de ellos, Kromer llegó a la conclusión de que el montículo era un basurero dejado por los trabajadores especializados que habían trabajado durante el reinado de estos faraones. Esta pila de desechos había sido trasladada desde su emplazamiento original durante el proceso de construcción de la pirámide de Menkaure. Al reexaminar el material, Butzer llegó a la conclusión de que el montículo contenía los restos de varios asentamientos de artesanos especializados. Propuso asignar los artefactos a cinco estratos diferentes, que identifica como los típicos restos de un asentamiento. Las últimas excavaciones han demostrado, no sólo la existencia de una comunidad de trabajadores, sino que ha arrojado luz sobre su vida diaria. Las excavaciones han descubierto tres zonas principales: el campamento de los trabajadores, la zona institucional, y las tumbas de los supervisores y los trabajadores. Todas ellas se encuentran al sureste de la Esfinge y al sur del muro del recinto que recorre la base de la cresta occidental del afloramiento de la formación Maadi en Guiza.

La moderna ciudad de Nazlet el-Samman (población 200.000 personas) se encuentra situada al pie de las pirámides de Guiza. Un reciente proyecto de alcantarillado ha sacado a la luz cimientos y cerámica que ofrecen una tentadora evidencia para suponer que esta zona estuvo densamente poblada en época antigua. El yacimiento arqueológico descubierto por los doctores Hawas y Lehner ocupa 3 km² al sur del recientemente descubierto templo del valle de Khufu. El material arqueológico del asentamiento ha aparecido consistentemente a partir de una profundidad de 3 metros bajo el nivel actual de la calle y continúa durante una profundidad de 6 metros. Todas las muestras tomadas en esta zona de 3 km² al este de las pirámides de Guiza sugieren que por toda ella sobreviven restos de la continua expansión del asentamiento. Esto significa que las antiguas comunidades de trabajadores se encuentran bajo las poblaciones modernas de Nazlet el-Samman, Nazlet el-Sissi, Nazlet el-Batran y Kafr el-Gebel.

Posteriores excavaciones revelaron un horizonte continuo de edificios de adobe y estratos asociados de ceniza y otros desechos, con grandes cantidades de cerámica del Reino Antiguo. Aparecieron miles de fragmentos de la vajilla cerámica de uso diario, moldes de pan, ollas para cocinar, contenedores de cerveza y bandejas para tamizar grano y harina. Sorprendentemente, además de la esperada cerámica ordinaria, apareció una gran cantidad de fina cerámica roja bruñida, lo que pone en entredicho la creencia de que este tipo de cerámica de alta calidad sólo estaba disponible para las clases superiores. También se desenterraron unos excepcionalmente delicados recipientes meridionales para comida, lo que apoya la teoría de que los alimentos eran enviados a los monumentos desde otras zonas. Esto enfatiza el hecho de que se necesitaban los esfuerzos reunidos de varias comunidades para mantener el enorme esfuerzo requerido para construir las pirámides.

La dieta y el modo de vida de los trabajadores y sus familias puede ser estudiado a partir de los hallazgos, revelando una sociedad que era alojada y tenía acceso a pan, cerveza y carne. Pruebas de esto último las proporcionan las marcas de «carnicero» en los huesos de vaca y cerdo. El clima de esta época —hace 4.600 años— no tardará en ser comprendido gracias a los análisis del polen de las diferentes plantas encontradas en el yacimiento.

Gracias a la distribución de las tumbas de los trabajadores y sus supervisores, se ha llegado a la conclusión de que existían dos comunidades, segregadas por sus labores. Los artesanos que decoraron las tumbas y cortaron las piedras vivían en un poblado, mientras que los trabajadores que movieron las piedras lo hacían en otro. Los cálculos sobre el tamaño de la fuerza de trabajo utilizada en las grandes pirámides de la IV Dinastía varían enormemente. Heródoto, el historiador griego del siglo V a.C., afirmó que en la construcción de la pirámide de Khufu se utilizaron 100.000 personas en períodos de tres meses a lo largo de 20 años. Pero se trata de un cálculo demasiado optimista. Una cifra más cercana a la realidad sería la de 30.000 personas, que vivirían en el poblado descubierto, con otros trabajadores alojados en la zona de Menfis, desplazándose cada día a su lugar de trabajo.

La segunda zona —definida como la zona institucional— ha revelado la existencia de dos tahonas del Reino Antiguo. Es probable que esta fábrica de pan proporcionara alimento a toda la fuerza de trabajo. Se han encontrado amplios contenedores con una capacidad de 14 kilos de harina. Aparentemente se cocían siendo depositados en cubas y cubiertos luego con carbón. Se descubrió un amplio escondite de moldes de pan del Reino Antiguo, idénticos a los que aparecen representados en las escenas de vida diaria de la tumba de Ti en Sakkara. El grano descubierto en la tahona sugiere que el pan era de cebada, lo que hacía que las oscuras hogazas fueran pesadas y densas. Las cubas utilizadas para la harina y los moldes de pan eran calentados en hornos abiertos en las tahonas. El pan y la cerveza eran los alimentos habituales de los antiguos egipcios, que ingerían algunas proteínas gracias a la carne de vaca y cerdo.

Otra estructura localizada en la zona ha sido identificada de forma eventual como la zona de almacenamiento del grano utilizado en el pan y la cerveza de cebada. Es interesante el hallazgo de un sello con la palabra *wabt*, que significa embalsamamiento o puede referirse al trabajo del metal. Más interesante es la palabra *pr-sna*, encontrada también en esta estructura. Puede referirse a una instalación de trabajo o a un distrito de policía. Esta misma inscripción fue encontrada en la tahona que era parte de un complejo mayor que incluía zonas para fabricar cerveza y almacenamiento de grano.

Las tahonas y las cervecerías formaban parte de la misma unidad de producción por una sencilla razón, la masa cocida de pan era utilizada en la malta de la cebada, siendo posible que algo de cerveza pasara a la masa. Todos estos hallazgos nos hablan de la existencia de una institución responsable de la alimentación de la fuerza de trabajo.

La evidencia más intrigante quizá sea la procedente del cementerio asociado a estas comunidades. Está localizado al oeste de la zona institucional y en la actualidad forma parte de un camino para los jinetes que alquilan caballos al pie de las pirámides. Las excavaciones actuales han sacado a la luz más de 300 tumbas, habiendo más a la espera de ser desenterradas. Muchas de ellas son copias de los diseños utilizados por el faraón, los nobles y los funcionarios. Algunas tumbas mantienen la típica estructura en forma de mastaba de adobes de las primeras dinastías, pero la arquitectura de algunas tumbas incluye techos abovedados, réplicas en miniatura de la pirámide escalonada y pirámides con su muro del recinto. Antes de esta dinastía, todas las mastabas se construían de adobe. Ahora, las tumbas se construyen con pedazos de caliza, basalto y granito, los restos del material empleado en las pirámides. Parece haber una especie de jerarquía incluso en la muerte. La tumba de los supervisores y los pozos funerarios para el difunto y su familia, las falsas puertas pintadas para el difunto y su esposa y las inscripciones que identifican al fallecido como inspector de las tumbas reales o director de la construcción, están situadas delante y hacia el este de las tumbas más pobres, que contienen a los obreros que trabajaron a las órdenes de esos funcionarios.

Los restos humanos encontrados son conmovedores. Los trabajadores están enterrados en posición fetal y muchos de ellos presentan daños en la zona baja de la espalda. El cráneo y las costillas de uno muestran cáncer. Se ha descubierto la tumba de una enana embarazada. Han aparecido bellas inscripciones grabadas que nombran a mujeres que eran sacerdotisas de Hathor, además de ofrendas votivas para la diosa. Esto puede indicar que era la protectora de los trabajadores. Se han encontrado varias estatuas que demuestran la gran calidad del ajuar funerario. Entre ellas está la de una mujer arrodillada moliendo grano o pigmento con un rodillo, un sonriente artesano y una delicada cabeza de reserva. Estas estatuas, protegidas por la arena y el árido clima, han conservado sus delicados colores y minuciosos detalles de 4.500 años de antigüedad. Los ajuares

funerarios asociados proceden de la vida diaria de estas personas: vasijas para cerveza, moldes de pan, jarros para flores, bandejas y cerámica variada.

Estas tres comunidades de trabajadores están separadas de la zona principal de las pirámides por un gran muro de recinto con una puerta en el medio, que cada amanecer y cada atardecer atravesaban los trabajadores para ir al tajo. Los antiguos egipcios que trabajaban duro para el faraón en su pirámide eran hombres libres que llevaban una vida dura según los modernos estándares urbanos. Es lógico y adecuado que ahora el centro de la investigación cambie desde el faraón hasta los súbditos que lo hicieron inmortal.

A. *En ocasiones, las tumbas de la necrópolis de los trabajadores están decoradas con unos bajorrelieves muy elegantes, como éste de la fotografía, que decora la tumba de un superintendente de los trabajos, situada en el cementerio superior.*

90-91. *La luz del amanecer acaricia los impresionantes monumentos de Guiza: la pirámide de Khafre a la izquierda y la pirámide de Khufu y la Esfinge a la derecha.*

ABU RAWASH

A. La pirámide sin terminar de Abu Rowash fue construida por Djedefre, el hijo y sucesor inmediato de Khufu, cuyo breve reinado duró ocho años. La pirámide, que hoy día tiene unos 9 metros de altura, se supone fue tan grande como la de Menkaure.

A

B

C

A unos 7,5 kilómetros al norte de las pirámides de Guiza se encuentra Abu Rowash, un importante centro administrativo durante el Reino Antiguo, con una necrópolis cuyas tumbas más antiguas datan del período predinástico y de la I Dinastía.

Djedefre, que reinó durante sólo ocho años y que fue el hijo y sucesor de Khufu, escogió este emplazamiento para su pirámide. No obstante, probablemente como resultado de su corto reinado, la pirámide no se terminó o no pasó de sus fases iniciales. Se ha deducido que la longitud de su base fue de unos 100 metros[24].

Actualmente se pueden ver las primeras hiladas de la pirámide, en especial la enorme trinchera que forma su interior. De modo que se puede ver la rampa del corredor descendente, que conduce hasta la cámara funeraria.

En el lado este hay una gran trinchera de 35 metros de largo destinada al barco real, así como los restos de un templo de adobe. Fue aquí donde, durante las excavaciones del Instituto Francés de Arqueología Oriental (IFAO), dirigidas por Émile Gaston Chassinat, se encontraron las bellas cabezas que representan a Djedefre. Actualmente están expuestas en el Louvre[25].

PLANTA DE LA PIRÁMIDE DE ABU RAWASH
a. Entrada
b. Corredor descendente
c. Cámara funeraria
d. Pirámide satélite
e. Trinchera para la barca solar
f. Templo funerario
g. Restos de un muro de ladrillo sin cocer

D

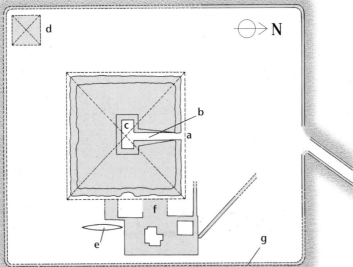

B. En el lado este de la pirámide se encuentran los restos de un templo funerario de adobe, cuyo eje no coincide con el de la pirámide.

C. La estructura interna del templo de Djedefre es bastante diferente a la que se ve en los templos de Guiza. La estructura interna de la pirámide tiene forma de T, con un corredor descendente de 5,70 metros de ancho y 48 metros de largo, con una cámara funeraria de 24 metros de largo y 11 de ancho.

D. Cerca de la esquina sureste de la pirámide hay una gran trinchera en forma de barco de 35 metros de longitud y 9,5 metros de ancho, en donde se encontraron fragmentos de numerosas estatuas de Djedefre, junto a la espléndida cabeza que hoy se exhibe en el Museo del Louvre.

ZAWIET EL-ARYAN

Zawiet el-Aryan, en donde se descubrieron dos pirámides sin terminar, se encuentra a unos dos kilómetros al sur de las pirámides de Guiza, antes de llegar a Abusir.

La primera pirámide, conocida en inglés como la *layer pyramid* y en francés como la *pyramide à tranches* (respectivamente, la «pirámide a estratos» y la «pirámide a capas»), se encuentra al sur del yacimiento y es escalonada. Su altura actual es de 16 metros. Ha sido atribuida al rey Khaba de la III Dinastía, el sucesor del Horus Sekhemkhet.

De la segunda pirámide, situada al norte de la primera, no queda nada excepto una inmensa trinchera similar, pero todavía más grande, a la de Abu Rowash. Sin terminar, esta pirámide fue estudiada por Alessandro Barsanti a comienzos del siglo XX. Tiene un tamaño similar a la de Khafre y ha sido atribuida a un rey de la IV Dinastía que reinó muy poco, probablemente entre Khafre y Menkaure, y que ha sido considerado hijo de Djedefre, dadas sus similitudes estructurales con la pirámide de Abu Rowash.

Dada su cercanía a una zona militar, la necrópolis de Zawiet el-Aryan no es fácilmente accesible.

E. Los restos de una gran e incompleta pirámide escalonada se encuentran situados en la parte sur de la necrópolis de Zawiet el-Aryan, situada entre Guiza y Abusir. El monumento, descubierto por el egiptólogo italiano Alessandro Barsanti en 1900, fue estudiado posteriormente por Reisner, quien lo atribuyó al sucesor del Horus Sekhemkhet, el Horus Khaba.

E

F

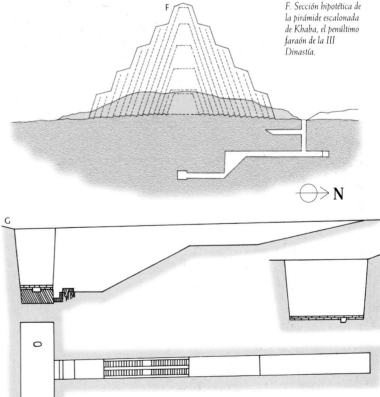

F. Sección hipotética de la pirámide escalonada de Khaba, el penúltimo faraón de la III Dinastía.

→ N

G

G. En 1905, en la parte norte de Zawiet el-Aryan, Barsanti descubrió una enorme trinchera bastante similar a la de Abu Rowash. Es todo lo que queda de una gran pirámide de la IV Dinastía que habría tenido el mismo tamaño que la de Khafre y pudo haber pertenecido al hijo de Djedefre, cuyo nombre se ha perdido [26].

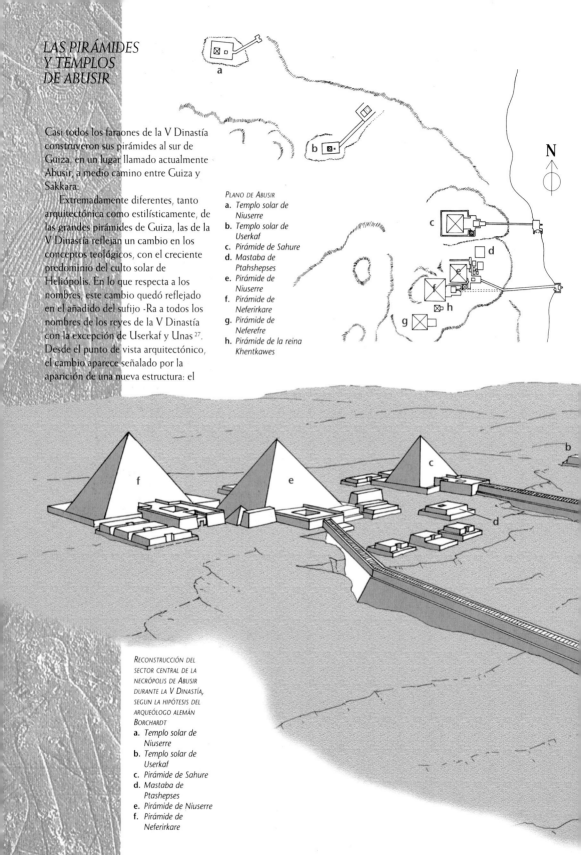

LAS PIRÁMIDES Y TEMPLOS DE ABUSIR

Casi todos los faraones de la V Dinastía construyeron sus pirámides al sur de Guiza, en un lugar llamado actualmente Abusir, a medio camino entre Guiza y Sakkara.

Extremadamente diferentes, tanto arquitectónica como estilísticamente, de las grandes pirámides de Guiza, las de la V Dinastía reflejan un cambio en los conceptos teológicos, con el creciente predominio del culto solar de Heliópolis. En lo que respecta a los nombres, este cambio quedó reflejado en el añadido del sufijo -Ra a todos los nombres de los reyes de la V Dinastía con la excepción de Userkaf y Unas[27]. Desde el punto de vista arquitectónico, el cambio aparece señalado por la aparición de una nueva estructura: el

PLANO DE ABUSIR
a. *Templo solar de Niuserre*
b. *Templo solar de Userkaf*
c. *Pirámide de Sahure*
d. *Mastaba de Ptahshepses*
e. *Pirámide de Niuserre*
f. *Pirámide de Neferirkare*
g. *Pirámide de Neferefre*
h. *Pirámide de la reina Khentkawes*

N

RECONSTRUCCIÓN DEL SECTOR CENTRAL DE LA NECRÓPOLIS DE ABUSIR DURANTE LA V DINASTÍA, SEGÚN LA HIPÓTESIS DEL ARQUEÓLOGO ALEMÁN BORCHARDT
a. *Templo solar de Niuserre*
b. *Templo solar de Userkaf*
c. *Pirámide de Sahure*
d. *Mastaba de Ptashepses*
e. *Pirámide de Niuserre*
f. *Pirámide de Neferirkare*

A. Vista aérea desde el sureste de la necrópolis de Abusir, situada unos kilómetros al sur de Guiza, donde se enterraron los reyes de la V Dinastía. A la derecha se encuentra la pirámide de Sahure, seguida por la de Niuserre y Neferirkare, la mayor del grupo. En el extremo izquierdo se encuentra la pirámide de Neferefre.

B. La mastaba de Ptashepses, un funcionario de alto rango durante el reinado de Sahure, es la tumba particular más importante de Abusir.

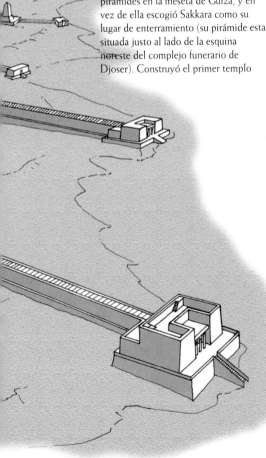

templo solar, que simboliza la unión del rey con la deidad solar.

Las pirámides de la V Dinastía también son mucho más pequeñas que las de Guiza y para construirlas se utilizaron materiales locales de poca calidad en forma de pequeños bloques. La preciosa caliza de Tura fue utilizada sólo para el revestimiento exterior, lo mismo que otros materiales caros como el granito de Asuán o el basalto, empleados con moderación para elementos estructurales concretos. En general, estas necesidades arquitectónicas reflejan la necesidad de reducir costes, tanto en material como en trabajo. No obstante, por el otro lado tenemos que el templo parece haber ganado en importancia y por lo general es bastante grande y está construido con materiales caros y decorado con exquisitos bajorrelieves, la mayoría de los cuales se ha perdido, desgraciadamente.

Userkaf, el primer rey de la V Dinastía, decidió romper con la tradición de sus predecesores inmediatos, que habían construido sus pirámides en la meseta de Guiza, y en vez de ella escogió Sakkara como su lugar de enterramiento (su pirámide esta situada justo al lado de la esquina noreste del complejo funerario de Djoser). Construyó el primer templo

solar, del que en la actualidad sólo quedan algunos restos. Las fuentes escritas nos hablan de la construcción de seis templos solares, pero el emplazamiento de cuatro de ellos es completamente desconocido.

Sahure, el sucesor de Userkaf, fue el primero en construir su pirámide en Abusir. Está acompañada por las de sus sucesores: Neferirkare, Shepseskare, Neferefre y Niuserre, el último rey en ser enterrado aquí, que se construyó un templo solar al norte del de Userkaf con ocasión de la Heb-Sed, el jubileo real.

C. Las pirámides de Abusir vistas desde el sur. En primer término se puede ver la pirámide de Neferefre y la gran pirámide de Neferirkare.

EL TEMPLO SOLAR DE USERKAF

Considerado el monumento más septentrional de Abusir, fue estudiado entre 1954 y 1957 por una expedición del Instituto Suizo en El Cairo dirigida por H. Ricke, quien descubrió sus escasos restos. Las investigaciones han demostrado que el templo, en donde no se encontraron bajorrelieves, fue construido en etapas sucesivas. Los arqueólogos suizos han sugerido que pudo estar relacionado con el culto a la diosa Neith, aunque el nombre de ésta nunca apareció en el yacimiento. Por lo tanto, el retrato de Userkaf bien puede ser el de Neith.

C. Este grupo de pilones se encuentra en el patio del templo solar de Niuserre, probablemente donde los animales destinados al sacrificio eran matados. Al fondo se puede ver la base del obelisco, en forma de pirámide truncada, que los viajeros del siglo XIX llamaban la pirámide de Rhiga. Encima de ella se

encontraba el obelisco que representaba al benben, la piedra que iluminaron los primeros rayos del sol tras la creación del mundo.

D. Los pilones, utilizados posiblemente para contener agua para lavar a las víctimas del sacrificio o para guardar su sangre, están talladas en bloques de alabastro.

A. Esta magnífica cabeza de Userkaf, el primer rey de la V Dinastía, lo representa tocado con la corona roja del Bajo Egipto y fue encontrada en 1957, durante la excavación de su templo solar en el sector norte de Abusir. Hoy día sólo quedan restos de este complejo, el primer ejemplo conocido de este tipo de estructura. Al contrario que su sucesores inmediatos, Userkaf construyó su pirámide en Sakkara (Museo de El Cairo).

B. En el centro del patio del templo solar de Niuserre, situado al norte del templo de Userkaf, en un lugar conocido como Abu Ghurab, se encuentra un extremadamente bello altar para sacrificios de 6 metros de diámetro, construido con cinco bloques de alabastro. Su extraña forma se debe a que los bloques que lo forman están esculpidos para formar cuatro signos jeroglíficos «htp».

EL TEMPLO SOLAR DE NIUSERRE

Este monumento, construido por Niuserre, el sexto rey de la V Dinastía, se encuentra unos 500 metros al noroeste del templo de Userkaf, en una zona conocida como Abu Ghurab, y está mucho mejor conservado que el anterior. El templo, descubierto por John Perring en 1837 y conocido por los viajeros del siglo XIX como la pirámide de Rhiga, fue excavado entre 1898 y 1902 por una expedición arqueológica alemana dirigida por Ludwig Borchardt, Friedrich W. von Bissing y Heinrich Shäfer. Sus investigaciones hicieron posible conseguir una reconstrucción gráfica del mismo bastante exacta.

El templo solar, al igual que la pirámide, era parte de un complejo que incluía varias estructuras, consistentes en tres elementos principales: el templo alto, la rampa procesional (con dirección noreste y decorada con bajorrelieves inspirados en la fiesta Sed) y el templo del valle. Las similitudes estructurales con las pirámides, confirmadas también por las fuentes escritas, han llevado a los expertos a pensar que el templo del sol también tenía una función funeraria.

El templo alto, de hecho el templo solar, consiste en un vestíbulo que lleva a un patio que medía 100×75 metros. Estaba rodeado por un muro de piedra y dominado por un obelisco construido a base de bloques de piedra sobre una base en forma de pirámide truncada de unos 15 metros de altura, delante del cual había un gran altar sacrificial de alabastro de unos 6 metros de diámetro. El obelisco, que era el elemento más importante del templo, representaba al *benben*, la piedra sobre la que brillaron los primeros rayos del sol cuando se creó el mundo.

Cerca del obelisco, en la cara sur, había una capilla con la llamada «habitación de las estaciones» o Weltkammer, aneja a ella. Sus bajorrelieves, la mayoría de los cuales se encuentra expuesta en el Museo Arqueológico de Berlín, celebra la fuerza generadora y procreadora del dios sol sobre la naturaleza, la tierra, los animales y las tres estaciones del calendario

B

egipcio (*shemu*, o verano, *peret*, o invierno; y *akhet*, inundación), que aparecen representadas como figuras humanas seguidas por imágenes de los diferentes *nomos*. (Un *nomo* era una especie de provincia, de las cuales hubo 42 durante el Reino Antiguo.)

Finalmente, cerca del muro del recinto, en su esquina noreste, había zonas destinadas al sacrificio de animales destinados a las ofrendas. Estaban señaladas por una serie de diez pilones de alabastro muy bien conservados y una fila de almacenes. Por fuera del muro del recinto, por la cara sur, todavía se puede ver una trinchera con forma de barco, hecho con ladrillos de adobe; o bien contenía un barco solar o era una representación de uno de ellos.

C

D

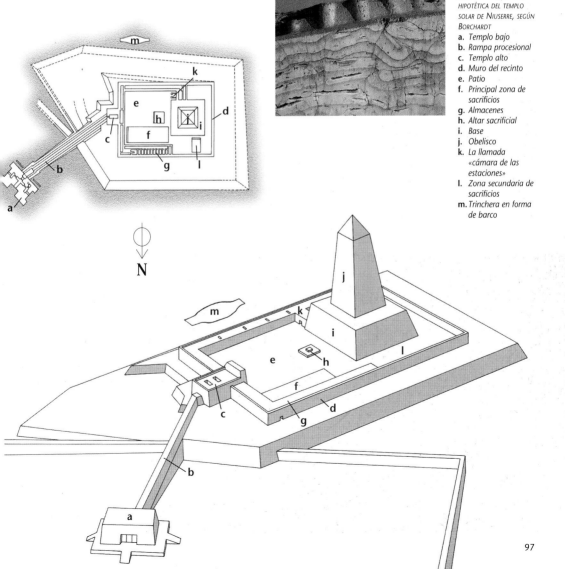

PLANTA Y RECONSTRUCCIÓN HIPOTÉTICA DEL TEMPLO SOLAR DE NIUSERRE, SEGÚN BORCHARDT

a. *Templo bajo*
b. *Rampa procesional*
c. *Templo alto*
d. *Muro del recinto*
e. *Patio*
f. *Principal zona de sacrificios*
g. *Almacenes*
h. *Altar sacrificial*
i. *Base*
j. *Obelisco*
k. *La llamada «cámara de las estaciones»*
l. *Zona secundaria de sacrificios*
m. *Trinchera en forma de barco*

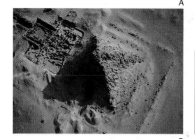

LA PIRÁMIDE DE SAHURE

Nombre antiguo: «El *ba* de Sahure es
resplandeciente (o brilla)»
Altura original: 48 metros
Lado de la base: 78,5 metros
Ángulo: 50E11'40"

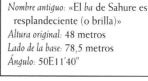

Aunque el cuerpo de la pirámide ha
sufrido mucho —en la actualidad mide
sólo 36 metros de altura, doce menos
que cuando fue terminada—, el templo
funerario y la rampa procesional están
en buenas condiciones y la estructura
del templo del valle todavía es visible.

El templo, situado junto a la cara
este, tiene una planta compleja que
incluye un vestíbulo, un patio rodeado
por columnas palmiformes (dos de las
cuales han sido restauradas y colocadas
en su emplazamiento original), una
doble serie de almacenes y un santuario.
Todas estaban decoradas con bellos
bajorrelieves que se calcula ocupaban
una superficie de 10.000 m².

En la actualidad, toda la zona está
siendo estudiada y restaurada por el
Servicio de Antigüedades Egipcias bajo
la dirección de Zahi Hawass. No tardará
en estar abierta al público.

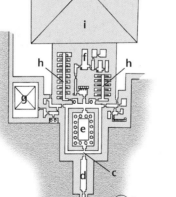

A. Sahure, el sucesor de
Userkaf, fue el primer
rey en construir su
pirámide en Abusir. Es
un típico ejemplo de
estructura piramidal de
la V Dinastía. Los
pequeños y mal cortados
bloques utilizados para
la construcción de estas
pirámides, así como la
escasa resistencia de la
caliza local, explican
por qué las pirámides de
este período se encuentren
en tan malas
condiciones.

B. El templo funerario de
Sahure tiene una planta
compleja; construido con
materiales resistentes,
como el granito y el

basalto, su estructura se
conserva en buenas
condiciones.

C. Dos columnas
palmiformes todavía se
mantienen en pie en el
lado este del patio del
templo.

D. El cartucho con el
nombre del rey aparece
grabado en este enorme
arquitrabe localizado en
el lado norte del patio.
Al igual que sus
sucesores, el nombre del
rey contiene el de Ra, en
honor de la deidad solar.

PLANO DEL COMPLEJO
DE SAHURE
a. Templo bajo
b. Rampa procesional
c. Templo funerario
d. Vestíbulo
e. Patio central
f. Santuario
g. Pirámide satélite
h. Almacenes
i. Pirámide de Sahure

SECCIÓN DE LA PIRÁMIDE
DE SAHURE
a. Entrada
b. Corredor
c. Cámara funeraria

E y F. Dos detalles de
los recientemente
descubiertos nuevos
bajorrelieves que
adornaban el templo
funerario de Sahure. El
primero, que es bastante
interesante, representa a
gentes del desierto que
sufren una hambruna.

N

LA PIRÁMIDE DE NIUSERRE

Nombre antiguo: «Niuserre es el más estable de los lugares» o «Los lugares de Niuserre son duraderos»
Altura original: 51,5 metros
Lado de la base: 81 metros
Ángulo: 51E50'35"

Localizada directamente al sur de la pirámide de Sahure, la pirámide de Niuserre también cuenta con un gran templo funerario, con suelo de grandes losas de basalto. Éste se caracteriza porque no sigue la línea media de la parte oriental de la pirámide, sino que, en vez de ello, está desplazado hacia el sur. Además, buena parte de la rampa procesional y del templo del valle, pertenecieron originalmente al cercano templo de Neferirkare, el sucesor de Sahure, pero fueron usurpados y reutilizados por Niuserre.

G

G. La pirámide de Niuserre está a medio camino entre la de Sahure, visible al fondo, y la de Neferirkare. Está más deteriorada que ninguna otra de todo el complejo de Abusir. Niuserre, que sucedió a Neferefre, fue el último soberano en ser enterrado en Abusir.

H

H. El templo funerario de Niuserre sigue el esquema de Sahure, con la particularidad de que no está alienado de este a oeste siguiendo el eje de la pirámide, sino desplazado hacia el sur, sólo el santuario con la estela de falsa puerta mantiene la alienación tradicional. La rampa procesional, de 365 metros, se dirige hacia el sureste y luego hacia el este: la desviación se debe al hecho de que Niuserre usurpó la rampa de su predecesor, Neferirkare, cuya pirámide se encuentra situada justo al sur de la suya. En la actualidad, templo bajo está completamente cubierto por la arena.

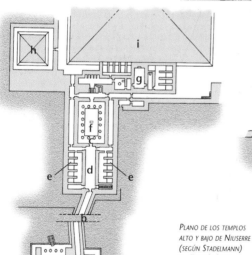

PLANO DE LOS TEMPLOS ALTO Y BAJO DE NIUSERRE (SEGÚN STADELMANN)
a. Templo bajo
b. Rampa procesional
c. Templo funerario
d. Vestíbulo
e. Almacenes
f. Patio central
g. Santuario interior
h. Pirámide satélite
i. Pirámide de Niuserre

SECCIÓN DE LA PIRÁMIDE DE NIUSERRE
a. Entrada
b. Corredor
c. Cámara funeraria

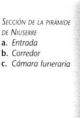

N

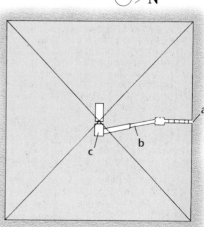

99

A

B

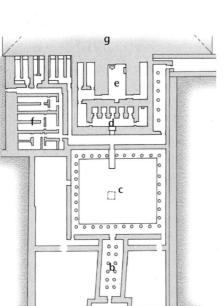

C

LA PIRÁMIDE DE NEFERIRKARE

Nombre antiguo: «Neferirkare se ha convertido en un *ba*»
Altura original: 70 metros
Lado de la base: 105 metros
Ángulo: 53E7'48"

La pirámide de Neferirkare, la segunda en ser construida en Abusir, se encuentra al sur de la de Niuserre y es la más alta e imponente de todas las pirámides de la V Dinastía. Todavía hoy conserva 50 metros de altura.

Tanto la pirámide como el templo funerario estaban sin terminar a la muerte del faraón, por lo que su templo bajo y parte de la rampa procesional fueron usurpados por Niuserre.

Durante las excavaciones de este complejo, Borchardt descubrió una serie de papiros extremadamente importantes en el templo funerario; eran parte de los archivos del templo y nos han proporcionado una gran cantidad de información sobre la vida y la economía del complejo funerario y su personal durante un período de tiempo que va desde el reinado de Djedkare Izezi hasta el de Pepi II.

A y B. La pirámide de Neferirkare, vista desde el sur (arriba) y el este (debajo), es la más alta e imponente de la necrópolis de Abusir, además de ser la mejor conservada. Originalmente era ligeramente más grande que la de Menkaure. Neferirkare, que sucedió a Sahure y fue el primer rey en utilizar un doble cartucho para su prenomen, Kakai, escrito en él, sólo reino durante diez cortos años, por lo que tanto su pirámide como su templo funerario quedaron sin terminar.

C. El templo funerario de Neferirkare, visto aquí desde la cima de la pirámide, fue construido en su mayor parte utilizando adobe, para acelerar así su complición. Los bloques de caliza se utilizaron sólo en ciertas áreas, como el santuario y la habitación con las cinco capillas.

SECCIÓN DE LA PIRÁMIDE DE NEFERIRKARE
a. *Entrada*
b. *Corredor*
c. *Cámara funeraria*

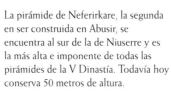

⊕ ► N

PLANTA DEL TEMPLO FUNERARIO
a. *Entrada*
b. *Vestíbulo*
c. *Patio central*
d. *Habitación con las cinco capillas*
e. *Santuario*
f. *Almacenes*
g. *Pirámide de Neferirkare*

LA PIRÁMIDE DE NEFEREFRE
(RANEFEREF)

Nombre antiguo: «El *ba* de Neferefre es divino»
Altura original: Incompleta
Lado de la base: 65 metros
Ángulo: No se ha podido determinar

La construcción de la pirámide de Neferefre (o, según una inscripción mas exacta, Raneferef), el predecesor de Niuserre, localizada directamente al sur de la de Neferirkare, fue interrumpida en sus estadios iniciales[28]. Las excavaciones llevadas a cabo por el Instituto Egiptológico de la Universidad Carlos de Praga en esta zona han producido, pese a ello, unos resultados extremadamente interesantes. En concreto, aunque la pirámide nunca fue terminada, se ha identificado como el lugar de enterramiento de Neferefre[29] y se ha excavado un templo funerario tremendamente interesante. Durante su exploración se encontraron numerosos objetos y estatuas, además de un archivo de papiros semejante al encontrado en la pirámide de Neferirkare por Borchardt.

Finalmente, a una docena de metros al sur de la pirámide de Neferirkare y al este de la de Neferefre se encontró un complejo funerario que pertenecía a la reina Khentkawes, hija de Menkaure y madre de Sahure y Neferirkare. En Guiza, al sur de la rampa procesional de Khafre se encuentra otra tumba de esta reina, que cuenta con un templo alto y una estructura en forma de mastaba[30].

D. Vista general del templo funerario de Neferefre y del complejo de la reina Khentkawes.

E. Neferefre, en la foto en una pequeña estatua de caliza pintada encontrada en 1984-1985 en su templo funerario, sucedió a

Shepseskare, cuya pirámide no se ha encontrado todavía (Museo de El Cairo).

F. La pirámide sin terminar de Neferefre sólo se alza unos metros sobre el nivel del suelo.

LA MASTABA DE PTAHSHEPSES

A una docena de metros de la pirámide de Sahure se encuentra la gran mastaba de Ptahshepses, visir y juez de la corte de Sahure.

La tumba, a la que sólo la de Mereruka en Sakkara gana en tamaño, fue descubierta por Jacques de Morgan en 1893 y ha sido estudiada y restaurada por la expedición de la Universidad Carlos. Incluye una entrada, un pórtico con dos columnas lotiformes y una sala elevada para ofrendas, con tres nichos que originalmente contuvieron estatuas. Algo más al sur se encuentra el enorme patio decorado con pilares, esculpidos con efigies de Ptahshepses. En el rincón noroeste de este patio hay un corredor descendente que llega a las habitaciones subterráneas y a la cámara funeraria, donde el sarcófago todavía se mantiene en su posición original.

Al sur del patio hay dos grandes trincheras en forma de barco que sirvieron para guardar un par de barcos solares o, más probablemente, hicieron las veces de réplicas de los mismos. Este tipo de trincheras son extremadamente raras en las tumbas de particulares y sólo se han encontrado en la tumba de Kagemni, en Sakkara.

G. La gran mastaba de Ptahshepses, visir durante el reinado de Sahure, vista aquí desde el sureste, aparece en toda su magnificencia. Sólo la supera en tamaño la mastaba de Mereruka, en Sakkara.

H. Este gran patio rodeado por un pórtico, soportado por 20 pilares de caliza de sección cuadrangular, forma parte de esta monumental tumba.

I. El gran sarcófago de granito del difunto, tal cual se encuentra actualmente en su cámara funeraria.

SAKKARA

A
B

A. Userkaf, el fundador de la V Dinastía, fue el primer rey en construir una verdadera pirámide en Sakkara, al noreste de la pirámide escalonada

de Djoser. Sus sucesores inmediatos abandonaron Sakkara y se hicieron enterrar en Abusir, donde Userkaf construyó un templo solar.

C

B y C. La pirámide escalonada de Djoser domina la necrópolis de Sakkara, que se extiende a lo largo de una amplia zona de

más de seis kilómetros de longitud, en la misma meseta caliza en donde están situadas las necrópolis de Guiza y Abusir.

D

Rodeada por las arenas del desierto, la actual zona arqueológica de Sakkara, localizada en la orilla occidental del Nilo, unos 20 kilómetros al sur de El Cairo, en la misma meseta de caliza que se extienda por el norte hasta Guiza, es la principal necrópolis de Menfis, la antigua capital de Egipto, localizada en el lado opuesto del Nilo, algo más al sur. La primera pirámide de Sakkara fue construida durante la III Dinastía, en el reinado de Djoser, a partir de entonces aquí se construyeron las más bonitas tumbas de particulares del Reino Antiguo.

Sakkara posee una historia extremadamente larga, pues ya fue utilizada como necrópolis real durante la I y la II Dinastía. Continuó siendo el lugar de enterramiento de altos funcionarios y dignatarios, así como de los toros sagrados de Ptah (la principal deidad de la región) durante el Reino Nuevo. De hecho, durante este período, a pesar de que Tebas era la capital del imperio egipcio, Menfis volvió a recuperar su importancia como centro económico e industrial.

La función funeraria de la zona continuó durante las épocas saíta y

persa, en torno a los siglos VII y VI a.C., un período en el que se construyeron varias tumbas con pozos extremadamente profundos, como las situadas al suroeste de la pirámide de Unas (las tumbas de Psamético, Djenhebu y Pediese).

Una tendencia que continuó durante la época ptolemaica cuando fue finalmente abandonada como necrópolis, hasta que, en el siglo V d.C., fue ocupada de nuevo por los coptos, que construyeron un gran e importante monasterio dedicado a san Jeremías.

Olvidados de nuevo o reutilizados como cantera de materiales de construcción durante la Edad Media y con posterioridad, los monumentos de Sakkara que no tuvieron la suerte de ser enterrados por la arena del desierto, terminaron convertidos en montones de escombros, pero en 1927 Jean-Philipe Lauer comenzó a excavarlos y a reconstruirlos con paciencia. Gracias a él y sus 50 años de trabajo, Sakkara, sobre todo el complejo de Djoser, ha salido de entre las brumas del tiempo para adquirir su aspecto actual.

D. La gran estatua de sicómoro que representa al sacerdote Ka-aper, quien vivió a principios de la V Dinastía. Se la conoce generalmente por el nombre árabe Sheik el-Balad, o el

Alcalde del Poblado, y es una de las obras maestras del arte egipcio. Fue Auguste Mariette quien realizó este precioso descubrimiento en 1869, en Sakkara (Museo de El Cairo).

E. La famosa estatua de caliza pintada que representa al Horus Netjerikhet, más conocido como Djoser, como se le llamó partir del Reino Nuevo, fue encontrada en 1924 en un tipo especial de capilla cerrada conocido como serdab, aneja a la pirámide escalonada. Se considera el ejemplo más antiguo de estatua a tamaño real conocido en Egipto (Museo de El Cairo).

PLANO GENERAL DE LA NECRÓPOLIS DE SAKKARA

1. El sector central, dominado por la pirámide de Djoser y sus anexos, además de, por el norte, la pirámide de Userkaf.
2. El sector norte, que incluye las necrópolis arcaicas de la I y la II Dinastías.
3. El sector de la pirámide de Teti, que además de la pirámide de este faraón también incluye varias importantes tumbas, como las mastabas de Mereruka y la de Kagemni.
4. El sector occidental, que incluye las importantes mastabas de Ti, Ptahotep y Akhethotep, así como la inmensa estructura subterránea del Serapeo.
5. El sector de la pirámide de Unas, con las mastabas de Irukaptah, Niankhnum y Knumhotep, Nefer, Idut, Mehu y los restos de los muros y de la pirámide del Horus Sekhemkhet.
6. El sector oriental, situado al pie de la meseta de caliza, al borde mismo de la llanura inundable del Nilo, en este punto cubierta por un denso bosque de palmeras cercano a la puerta que conduce a la necrópolis. Aquí se encuentran los restos del templo bajo de la pirámide de Unas, junto a las ruinas del monasterio de san Jeremías y la inmensa tumba de piedra del visir Bakenrenef, que vivió durante la época de Psamético I. Fue excavada entre 1974 y 1996 por la expedición de la Universidad de Pisa, dirigida por Edda Bresciani.
7. El sector meridional (al que sólo se puede pasar con un permiso especial del la Organización de Antigüedades Egipcias), que contiene las pirámides de Pepi I, Pepi II y la Mastaba Faraun.

a. Serapeo
b. Pirámide de Teti
c. Pirámide de Userkaf
d. Pirámide de Djoser
e. Pirámide de Sekhemkhet
f. Monasterio de san Jeremías
g. Pirámide de Pepi I
h. Pirámide de Djedkare Izezi
i. Pirámide de Merenre
j. Pirámide de Pepi II
k. Mastaba Faraun
l. Pirámides de la XIII Dinastía

F. Esta estatua, conocida como El escriba sentado, data de finales de la V Dinastía y junto a las estatuas de Djoser y Ka-aper es una de las más famosas del Reino Antiguo y una de las obras maestras que se exhiben en el Museo de El Cairo. Esta escultura también fue encontrada en Sakkara, durante una campaña de excavación llevada a cabo en 1893.

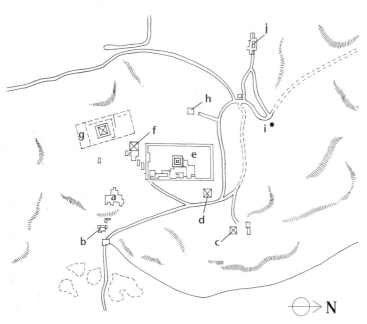

A

A. La pirámide de
Djoser tiene unos 58
metros de alto y es el
resultado de tres
ampliaciones sucesivas
a partir de una
mastaba original
construida sobre un
pozo funerario de 28
metros de profundidad.

B. La pirámide
escalonada, vista aquí
desde el noroeste, domina
toda la necrópolis de
Sakkara y es parte de
un amplio grupo de
estructuras que forman
una sola entidad
conocida como el
complejo de Djoser, que
ocupa una superficie de
15 hectáreas.

EL COMPLEJO DE DJOSER

Según la tradición, la pirámide
escalonada fue construida para el Horus
Netjerikhet, más conocido como
Djoser, el primer soberano de la III
Dinastía, por el famoso arquitecto
Imhotep (que posteriormente sería
deificado durante el Reino Nuevo e
identificado con el dios griego de la
medicina, Asklepios). Este monumento
domina toda la necrópolis, de la que se
ha convertido en símbolo.

La pirámide y sus estructuras anejas,
que forman el complejo de Djoser, están
rodeadas por un imponente muro de
caliza de Tura a base de entrantes y
salientes (la característica decoración en
fachada de palacio), interrumpidos por

las catorce puertas simuladas y que
posiblemente imitara la forma del muro
de Menfis, en esa época conocido como
Ineb-hedj, o «Muro blanco». El muro
rodea una superficie de 15 hectáreas. En
el centro de la misma se encuentra la
pirámide. El recinto sólo cuenta con una
entrada verdadera (sin sistema para
cerrarla) localizada junto a la esquina
sureste y que, tras un estrecho pasaje,
conduce a un largo corredor flanqueado
en origen por 20 columnas adosadas de
unos 6,6 metros de altura, que se
estrechan ligeramente hacia la parte
superior. Desde aquí se entra a una sala
hipóstila transversal con ocho columnas
pareadas de dos en dos mediante
bloques de caliza.

C. Se cree que el
legendario arquitecto
Imhotep diseñó la
primera pirámide de la
historia de Egipto,
concebida como una
serie de escalones, para
el faraón Djoser. El
nombre de Imhotep,
acompañado por sus
títulos, apareció en un
fragmento de una
estatua de Djoser.

C

D. El muro del recinto
que delimita el complejo
de Djoser, hecho con
sillares de caliza
blanca de Tura, sólo
tiene una entrada.

E. El muro de Djoser,
decorado con entrantes
y salientes en una
decoración que se
conoce como en
«fachada de palacio»,
tiene una altura media
de 105 metros.

F y G. La columnata
de entrada, que consiste
en una doble fila de
veinte columnas
fasciculadas de 6,60
metros de altura y que
termina en una sala
hipóstila transversal
con cuatro grupos de
dos columnas
pareadas. El aspecto
actual de esta
estructura es el
resultado del paciente
trabajo de anastilosis
llevado a cabo por el
famoso arquitecto
Jean-Philippe Lauer.

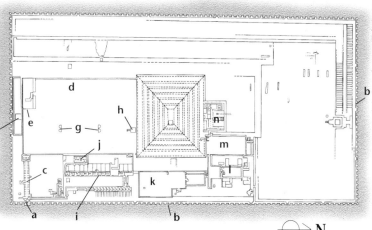

PLANO DEL COMPLEJO
DE DJOSER
a. Entrada
b. Muro del recinto
   con decoración en
   fachada de palacio
c. Columnata de
   entrada
d. Patio sur
e. Muro de cobras
f. Tumba sur
g. Edículos en forma
   de D en torno a los
   cuales tenía lugar
la carrera ritual del
rey
h. Entrada a la galería
   saíta
i. Patio de la fiesta
   Sed
j. Pabellón real
   (templo T)
k. Casa del Sur
l. Casa del Norte
m. Patio del serdab
n. Templo funerario y
   entrada a la
   pirámide

N

El patio sur, el muro de las cobras y el pozo de los vasos canope

La sala hipóstila conduce al patio sur, en cuyo extremo septentrional está la pirámide escalonada y que estaba delimitado originalmente por altos muros en fachada de palacio, algunos lienzos de los cuales se han reconstruido.

En la parte sur del muro se encuentra el impresionante pozo de la llamada tumba Sur, de 28 metros de profundidad, y un bastión rectangular soportado por un muro de bloques de caliza en fachada de palacio, decorado en su lado este por un magnífico friso de cobras, la serpiente que protegía a la realeza y era la encarnación de la diosa Wadjet de Buto, la protectora del Bajo Egipto. La entrada al pozo se encuentra al fondo del mismo, a través de una estrecha y profunda trinchera que lleva hasta unas habitaciones funerarias similares a las encontradas bajo la pirámide escalonada.

Se trata de una segunda tumba real, en la cual hay bajorrelieves que representan al Horus Netjerikhet con su

nombre y que, probablemente, fuera construida para contener los vasos canope con las vísceras del rey. El significado de esta estructura no está claro todavía, pero dada su posición en el extremo sur del muro es posible que pretenda evocar las tumbas de los primeros reyes, construidas en Abydos, en la parte meridional del país.

En el centro del patio sur hay cuatro edículos en forma de D, formando dos parejas alejadas entre sí, en torno a las cuales el faraón realizaba una carrera ritual durante la celebración de la fiesta Sed, que tenía lugar en el trigésimo año de reinado.

A

B

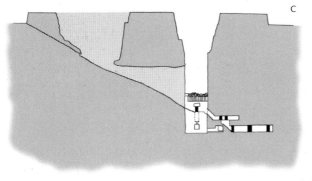

C

N

El pabellón real

En el centro del lado este del patio hay tres columnas acanaladas que preceden los restos del pabellón real (o templo T, también conocido como el templo de la Heb-Sed), en donde el *ka* real (el «doble», un aspecto del alma), representado simbólicamente por una estatua, estaba presente durante las fases preparatorias de la Heb-Sed. Es posible que todas las estructuras relacionadas con la Heb-Sed fueran reproducciones exactas de estructuras similares utilizadas realmente durante la celebración, pero de las que no quedan restos de ningún tipo, siendo utilizadas no tanto para una celebración real como para una ceremonia simbólica que permitía al *ka* del difunto rey celebrar la Heb-Sed eternamente, siendo así regenerado por toda la eternidad.

D

E

F

El patio de la fiesta Sed

Desde la parte sur del recinto donde se encuentra el templo T, cuya esquina tiene forma de cuarto de círculo, se pasa al llamado patio de la fiesta Sed, que es rectangular y paralelo al patio sur. En los lados este y oeste del patio de la fiesta Sed hay restos de dos grupos distintos de capillas, algunas de las cuales han sido reconstruidas utilizando los materiales originales. Las capillas son de tres tipos.

Las tres capillas del primer tipo, situadas en el centro y los extremos norte y sur del lado occidental, tienen el techo plano y la fachada sin columnas; las otras capillas occidentales, probablemente diez, son de un tipo distinto, decoradas con columnas acanaladas con unos capiteles que son únicos en la historia de la arquitectura egipcia: su ábaco cúbico está flanqueado por una representación de dos hojas y tienen un agujero cilíndrico utilizado para introducir un vástago que sujetaba una insignia real o divina. Cada capilla contiene un pequeño santuario, al que se accede mediante un estrecho pasaje, en zigzag y sin cubrir, en el cual hay imágenes de puertas y cerrojos de madera.

Las primeras dos capillas del segundo tipo, empezando desde el sur,

G

H

I

poseen otro rasgo especial: en la parte externa de cada muro hay un nicho conectado con una pequeña escalera, probablemente destinado a contener una imagen del rey. Se cree que estas capillas estaban relacionadas con uno de los momentos más importantes de la Heb-Sed: la doble coronación del rey como soberano del Alto y el Bajo Egipto.

Finalmente, en la parte oriental del patio hay trece capillas de un tercer tipo, con fachadas sin columnas y techos abovedados. Se han reconstruido dos de ellas.

G. El patio de la fiesta Sed se encuentra situado al este del patio sur y sus lados largos están delimitados por dos grupos de capillas construidas según tres modelos distintos. Los restos de estas construcciones son más evidentes en la parte occidental del patio.

H. Dos de las trece capillas originales han sido reconstruidas en el lado oriental del patio de la fiesta Sed. Poseen un estilo diferente a las del lado opuesto, pues sus techos son arqueados y no tiene columnas en la fachada. Se cree que aquí tenía lugar el ritual de la doble coronación durante la fiesta Sed.

I. Estas cariátides incompletas que representan a Djoser se encuentran en el lado este del patio de la fiesta Sed. Su posición original se desconoce.

J. Las columnas de varias capillas del lado oeste se caracterizan por un ábaco cúbico decorado con dos hojas, bajo el cual hay un agujero, seguramente destinado a contener el vástago de un emblema.

K. En los pequeños pasajes que llevan a las capillas con columnas acanaladas del lado oeste del patio de la fiesta Sed hay esculpidos simulacros de barreras de madera.

J

K

A

C. Tres columnas en forma de papiro decoran el muro oriental del patio frente a la casa del Norte. El papiro era la planta heráldica del Bajo Egipto, la parte norte del país.

D. Vista general de la casa del Norte y de su patio, cuyo estilo arquitectónico es similar al de la cercana casa del Sur. Parece que tras el ritual de la coronación al final de la fiesta Sed, el rey recibía tributos del pueblo como soberano del Alto y el Bajo Egipto.

A. La llamada casa del Sur, descubierta en 1924, ha sido completamente restaurada, incluidos los bloques encontrados en el patio opuesto. Un friso de khekeru decora el dintel de la puerta, flanqueada por dos columnas acanaladas.

B. Grafitos dejados por escribas del Reino Nuevo que visitaron el yacimiento durante las dinastías XVIII y XIX. En estos textos aparece la primera mención del Horus Netjerikhet como Djoser. La foto muestra un grafito de la era de Ramses II, y nos informa que en el 47° año de su reinado, el escriba del Tesoro, Hekanakhte, realizó un viaje de placer al oeste de Menfis.

La casa del Sur y la casa del Norte

Al norte del patio de la fiesta Sed se encuentra la llamada casa del Sur, situada en la parte septentrional de un patio localizado justo frente a la pirámide. Por el este está delimitado por un muro decorado con una columna cilíndrica. Originalmente, la columna tenía un capitel en forma de loto, la flor que simbolizaba al Alto Egipto.

Este edificio, cuya fachada tiene cuatro columnas acanaladas, contiene un santuario cruciforme con tres nichos, al cual se penetra por un pasaje en zigzag con dos giros en ángulo recto. Visitantes del Reino Nuevo dejaron inscripciones hieráticas en sus muros, en donde se lee el nombre de Djoser por primera vez. De hecho, durante el Reino Antiguo, este rey era llamado el Horus Netjerikhet.

Justo al norte al norte de la casa del Sur hay un pequeño patio, delimitado al este por un muro decorado con tres columnas de fuste triangular y capiteles en forma de papiro, que representan a la planta heráldica del Bajo Egipto. En el patio hay un edificio, conocido como la casa del Norte, similar al que ya hemos descrito en patio anterior.

Es probable que estos dos edificios fueran utilizados durante un momento concreto de la fiesta Sed, en la cual el rey, tras la doble coronación como soberano del Alto y el Bajo Egipto, recibía tributos procedentes del norte y el sur del país.

B

C

D

E y F. En la esquina noroeste de la pirámide escalonada se encontró una peculiar capilla sellada. En su interior se encontró la famosa estatua de Djoser actualmente en el Museo de El Cairo (F).

G. Pegados a la cara norte de l pirámide se encuentran los restos del templo funerario, utilizado para el culto del faraón deificado. Es el primer ejemplo de este tipo de edificio.

El patio del serdab

Al oeste de la casa del Norte se encuentra el llamado patio del *serdab*, cuyo nombre procede del hecho de que, en 1924-1925, se encontró allí un *serdab*, situado contra la cara norte de la pirámide; en su interior se encontró la famosa estatua de Djoser que hoy se expone en el Museo de El Cairo.

E

F

G

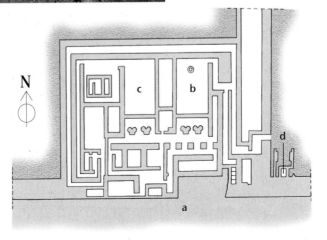

El templo funerario

Pegados a la cara norte de la pirámide se encuentran los restos del imponente templo funerario, justo al oeste del *serdab*. Aunque en su mayor parte está en ruinas, es posible identificar una estructura que incluye una serie de elementos arquitectónicos simétricos (patio y habitación para abluciones), que probablemente simbolicen al alto y el Bajo Egipto.

Es interesante notar que el acceso a la cámara funeraria situada bajo la pirámide se realizaba a través del templo. En pirámides posteriores la posición de la entrada permaneció inalterada, pero el templo funerario pasó a construirse siempre en el lado este de la pirámide.

N

PLANTA DEL TEMPLO FUNERARIO DE DJOSER
a. Pirámide
b. Patio este
c. Patio oeste con entrada a las habitaciones funerarias
d. Serdab

LA PIRÁMIDE ESCALONADA

Nombre antiguo: Desconocido
Altura original: 60 metros
Lado de la base: 173 metros de este a
    oeste por 107 metros de norte a sur

A. Vista general del
complejo de Djoser
visto desde el sur. Al
sureste de la pirámide
escalonada se
encuentran el templo T
y el patio de la fiesta
Sed. En primer plano
aparece la rampa
procesional de Unas,
flanqueada por una
serie de grandes
mastabas.

B. Al observar la
pirámide de Djoser
desde el suroeste se
pueden ver los restos del
primero de los seis
escalones del
monumento (Fase III).

La pirámide de Djoser, que
originalmente tuvo 60 metros de altura
(en la actualidad mide 58,70), está
orientada de este a oeste y su punto de
partida fue una mastaba cuadrada de
unos 8 metros de alto, cuyos lados
tenían 63 metros de longitud. Este
edificio cubría un pozo de 28 metros de
profundidad que contenía la cámara
funeraria y estaba unido a un sistema de
túneles utilizados para el ajuar funerario
(en ellos se ha encontrado una gran
cantidad de jarras y recipientes de
piedra) y un sistema de cámaras y
pasajes decorados con plaquitas de
fayenza azul que formaban las
habitaciones funerarias, el lugar del *ka*
real. En el lado este se excavaron once
pozos de 32 metros de profundidad,
cada uno de los cuales se continuaba en
forma de túnel horizontal y que fueron
utilizados para enterrar al harén real (las
esposas e hijos del faraón). Fueron
incorporados a la estructura de la
mastaba cuando ésta se amplió hacia el
este. Luego se decidió hacer la tumba
más imponente, dándole al monumento
varios escalones, lo que le dio
apariencia de escalera, destinada a
facilitar simbólicamente el ascenso del
alma del faraón al cielo. De modo que a
la mastaba se le añadieron primero
cuatro escalones (Fase II) y
posteriormente dos más (Fase III), lo
que dio un resultado final de seis
escalones.

C. La entrada a la
galería saíta, situada en
la cara sur de la
pirámide escalonada y
que conduce al gran
pozo que lleva a la
cámara funeraria de
granito, encima de la
cual se construyó la
primera mastaba. Este
túnel fue excavado unos
dos mil años después de
la construcción del
monumento, para poder
explorar su interior.

D. Ésta es la estatua
original de Djoser
encontrada dentro del
serdab; se encuentra
expuesta en el Museo
de El Cairo. En el
yacimiento se puede ver
una reproducción
exacta.

El primer ejemplo de templo para el
rey difunto fue construido entonces
cerca de la entrada inicial, en la cara
norte, junto a un grupo de edificios
alrededor de la pirámide que estaban

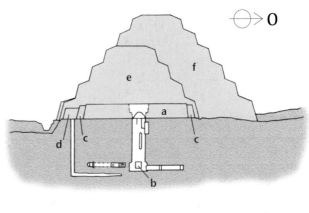

N

O

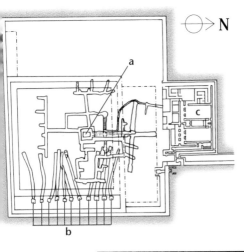

b

PLANTA DEL LA COMPLEJA
ESTRUCTURA DE LAS
HABITACIONES
SUBTERRÁNEAS DE LA
PIRÁMIDE ESCALONADA

a. Cámara funeraria
b. Pozos funerarios
que conectan con
túneles excavados
en el lado este,
utilizados para el
enterramiento de
príncipes y
princesas reales
c. Templo funerario

E. En el lado este de la
base de la pirámide hay
restos de las piedras del
revestimiento exterior.

E

SECCIÓN DE LA PIRÁMIDE
ESCALONADA DONDE SE VEN
LAS DIFERENTES FASES DEL
MONUMENTO

a. Mastaba original
b. Pozo funerario
c. Primera ampliación
de los cuatro lados
de la mastaba
d. Ampliación posterior

de la mastaba, sólo
por el lado este
(Fase I)
e. Añadido de los
cuatro escalones
(Fase II)
f. Última ampliación,
con los seis
escalones finales
(Fase III)

F

H

G

F. Este panel,
formado por
muchas piezas
rectangulares de
fayenza azul, fue
encontrado
desmontado dentro de
una de las cámara
subterráneas de la
pirámide de Djoser,
cuyos muros tenían una
decoración similar.

G. Esta jarra de
alabastro fue
encontrada debajo de la
pirámide y posee un
valor simbólico y ritual
especial. El hombre con
los brazos alzados (el
jeroglífico que significa
millones de años), se
encuentra bajo un
baldaquino sobre el

cual, grabados en el
asa, aparecen los dos
tronos del Alto y el
Bajo Egipto, utilizados
para la coronación del
rey durante la fiesta
Sed, lo que indica que la
ceremonia se pretendía
que se repitiera durante
millones de años
(Museo de El Cairo).

H. En los túneles
situados bajo la
pirámide escalonada se
encontraron miles de
jarras de piedras
semipreciosas, objetos
considerados de gran
valor durante el Reino
Antiguo (Museo de El
Cairo).

relacionados con la fiesta Sed (el patio de la fiesta Sed, el templo T, la casa del Norte y la casa del Sur) para permitir que el *ka* real celebrara eternamente esta fase del reinado del soberano, que era la única que podía garantizar su regeneración.

A pesar de todas las precauciones, la tumba de Djoser fue saqueada en la Antigüedad, probablemente ya en el Primer Período Intermedio.

En la cara sur de la pirámide se puede ver claramente la entrada a un túnel excavado en época saíta (XXVI Dinastía), que conduce al gran pozo central, gracias al cual fue posible vaciarlo de los 1.000 m³ de escombros que los obturaban (una tarea muy peligrosa). ¿Se trató de un simple caso de robo de tumbas o de un intento de comprender el monumento? Es difícil decirlo, pero como las tumbas saítas de Sakkara constan de profundos pozos, seguramente se inspiraron en el monumento de Djoser.

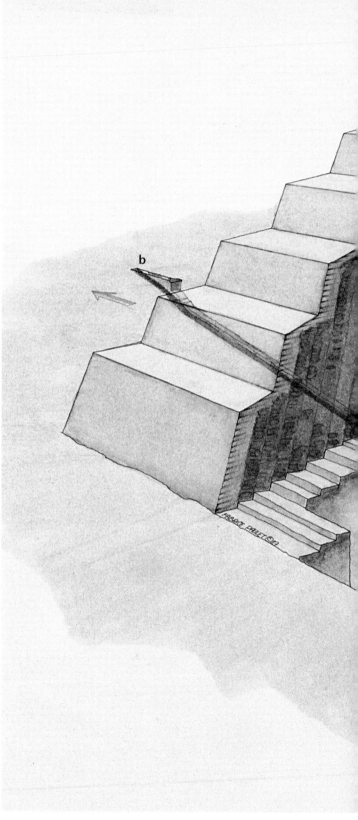

Este corte axonométrico da una idea de la complejidad y el tamaño de las habitaciones subterráneas de la pirámide de Djoser, todos ellas construidas en torno a la cámara funeraria, que es el corazón escondido de la pirámide.

a. *Corredor descendente original (Fase I)*
b. *Segundo corredor descendente (Fase II)*
c. *Gran pozo*
d. *Cámara funeraria*
e. *Sarcófago*
f. *Cámara de la reina*
g. *Cámara decorada con plaquitas de fayenza azul*
h. *Sistema de sellado de la cámara funeraria*
i. *Cámara de los niños*
j. *Cámara de Lepsius*
k. *La cámara de la estrella*
l. *Galería con vasijas y platos de piedra*
m. *Grupo de once pozos que contienen las tumbas de príncipes y princesas*
n. *Estructura de la mastaba original*
o. *Primera ampliación de la mastaba*
p. *Segunda ampliación de la mastaba, hacia el este (Fase I)*
q. *Los cuatro primeros escalones (Fase II)*
r. *Los seis escalones finales (Fase III)*

LA PIRÁMIDE DE USERKAF

Nombre antiguo: «Userkaf es el más
   puro de los sitios»
Altura original: 49 metros
Lado de la base: 73,5 metros
Ángulo: 53E7'48"

A

La pirámide de Userkaf, el primer faraón
de la V Dinastía, fue identificada en
1928 por el arqueólogo inglés Cecil M.
Firth y se encuentra localizada junto a la
esquina noreste del recinto del complejo
funerario de Djoser. Está construida con
bloques de la basta caliza local
recubiertos después con caliza de Tura.
La pirámide fue utilizada desde antiguo
como cantera de materiales de
construcción y se ha deteriorado
grandemente, pero lo que queda de sus
estructuras ha permitido reconstruir la
planta de todo el complejo, que tiene
algunos detalles arquitectónicos
destacables. En el lado este sólo se
encontró un pequeño santuario, mientras
que el templo funerario se construyó en
el lado sur, donde también esta situada la
pirámide satélite y se excavó un
profundo pozo en época saíta. El templo
funerario incluye un patio rodeado por
pilares de granito y pavimentado con
losas de basalto. Dentro del mismo había
una colosal estatua del rey, de la cual
sólo se conserva la cabeza, actualmente
expuesta en el Museo de El Cairo. Al sur
del templo se encuentran los restos de la
pirámide de la reina Neferhetephes, que
sólo contiene unos cuantos bloques de
caliza de gran tamaño que fueron el
techo de la cámara funeraria.

A. La pirámide de
Userkaf, situada al
noreste del complejo de
Djoser, ha sido
desprovista de su
revestimiento de bloques
de caliza, que fue
utilizado como material
de construcción, por lo
que ahora aparece muy
deteriorada.

B. El templo funerario
de Userkaf estaba
decorado originalmente
con elegantes
bajorrelieves, algunos de

los cuales utilizan
motivos naturalistas
por primera vez en
Egipto. Este
fragmento de
bajorrelieve,
originalmente
policromo y
encontrado en
1928, representa a
un grupo de pájaros
posados en las matas
de papiro de una
marisma, es todo lo que
queda de la decoración
original del complejo
(Museo de El Cairo).

C. Esta colosal estatua
de granito de Userkaf,
el fundador de la V
Dinastía, fue contrada
en 1926 por el
arqueólogo inglés Cecil
M. Firth dentro del
templo funerario. El
templo está situado en
un emplazamiento

inusual, junto a la
cara sur de la
pirámide. Userkaf fue
el sucesor de
Shepseskaf, el último
rey de la IV
Dinastía, se casó con
Khentkawes, la hija
de Menkaure, y sólo
gobernó siete años.

C

B

D. Reconstrucción
axonométrica de las
habitaciones de la
pirámide de Userkaf
(según Stadelmann).

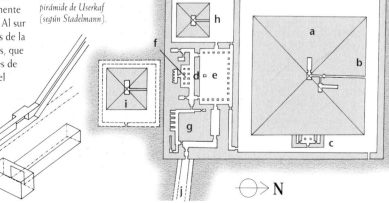

D

⊖→ N

EL SECTOR NORTE

E. En la mastaba de Hemaka, un funcionario de alto rango del reinado de Den, un faraón de la I Dinastía, se encontraron unos cuarenta discos de caliza pintada (Museo de El Cairo).

F. Plano de una gran mastaba de la I Dinastía de la necrópolis arcaica de Sakkara (según Emery).

E

N

LA NECRÓPOLIS ARCAICA

En la parte más septentrional de la zona arqueológica de Sakkara se encuentran la necrópolis arcaica con su grupo de grandes tumbas, descubiertas y excavadas por el arqueólogo británico Walter B. Emery entre 1936 y 1956, que él identificó como tumbas reales pertenecientes a los faraones de la I Dinastía.

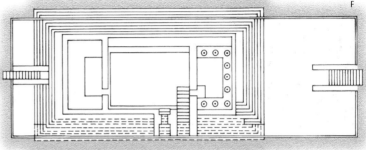

F

Se trata de grandes estructuras monumentales de adobe, que tienen hasta 40 metros de largo y están decoradas con la característica fachada de palacio. Contenían un rico ajuar funerario. No obstante, dado que algunas tumbas de los mismos soberanos de la I Dinastía se han encontrado en la necrópolis de Abydos, en el Alto Egipto, se ha producido un largo debate sobre cuál fue el verdadero lugar de enterramiento de estos faraones. ¿Las tumbas de Abydos son meros cenotafios de faraones, pues también fueron gobernantes del Alto Egipto, enterrados en Sakkara o es verdad lo contrario, que los cenotafios son las mastabas de Sakkara y las tumbas reales las de Abydos?

Más al norte de esta necrópolis arcaica se encuentra la inmensa tumba de Hesire, un alto dignatario que vivió durante la III Dinastía y llevó el título de «supervisor de los escribas reales»; al oeste de esta tumba se hallaron las necrópolis de animales sagrados: vastos túneles que datan de la Baja Época que contienen los cuerpos momificados de más de un millón de ibis y un número desconocido de babuinos.

G

H

G. La necrópolis arcaica del norte de Sakkara incluye grandes mastabas reales de la I Dinastía, hechas de adobe, con su exterior decorado en fachada de palacio, además de mastabas pequeñas de menor tamaño. La necrópolis arcaica fue excavada por el gran arqueólogo inglés Walter Emery entre 1926 y 1956.

H. El texto jeroglífico de esta pequeña tablilla de marfil, encontrada en una mastaba de la necrópolis arcaica, menciona al rey Djet, considerado el tercer monarca de la I Dinastía (Museo de El Cairo).

EL SECTOR DE LA PIRÁMIDE DE TETI

Situado entre la necrópolis arcaica y el complejo de Djoser, este sector está dominado por la gran pirámide de Teti, en torno a la cual se encuentran algunas de las mastabas mas grandes e importante de Sakkara, como las tumbas de Mereruka y de Kagemni.

PLANO DEL SECTOR DE LA
PIRÁMIDE DE TETI
a. *Pirámide de Teti*
b. *Pirámide satélite*
c. *Restos de una pirámide sin excavar atribuida al rey Merikare (IX o X Dinastía)*
d. *Mastaba de Mereruka*
e. *Mastaba de Kagemni*
f. *Mastaba de Ankhmahor*
g. *Pirámide de la reina Khuit*
h. *Pirámide de la reina Iput*

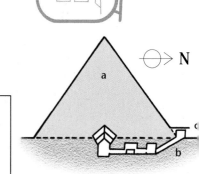

A

A. Teti, que sucedió a Unas y se casó con su hija, Iput, fue el primer faraón de la VI Dinastía. Su pirámide, vista aquí desde el este, se encuentra situada al noreste de la de Userkaf. La fotografía muestra los restos del templo funerario y de la pirámide satélite.

PLANTA Y SECCIÓN DE LAS
HABITACIONES FUNERARIAS
a. *Entrada*
b. *Primer corredor descendente*
c. *Segundo corredor*
d. *Rastrillos de granito*
e. *Vestíbulo*
f. *Capilla con tres nichos*
g. *Cámara funeraria*

LA PIRÁMIDE DE TETI

Nombre antiguo: «Teti es el más duradero de los sitios»
Altura original: 52,5 metros
Lado de la base: 78,5 metros
Ángulo: 53E7'48"

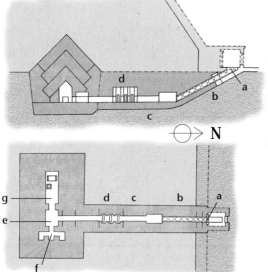

PLANTA Y SECCIÓN DE LA
PIRÁMIDE DE TETI
a. *Pirámide de Teti*
b. *Entrada*
c. *Restos de una pequeña capilla*
d. *Muro de adobes*
e. *Templo funerario*
f. *Vestíbulo*
g. *Patio*
h. *Almacenes*
i. *Santuario*
j. *Pirámide satélite*
k. *Rampa procesional*

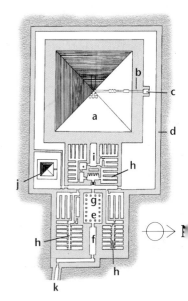

B. En el muro oeste de la cámara funeraria se encuentra un gran sarcófago de piedra bekhen *con una inscripción. Dadas sus dimensiones (2,78 × 1,31 metros), mayores que las de la puerta de entrada, el sarcófago tuvo que ser introducido en la cámara mientras la pirámide estaba en plena construcción.*

La pirámide de Teti, el primer faraón de la VI Dinastía, ha sufrido tremendos daños debido al trabajo de los canteros, que no sólo le quitaron el revestimiento y una gran parte de los bloques de granito del templo funerario adyacente, sino también las losas de caliza del interior del monumento. La posición de la entrada y anexos de la pirámide es completamente convencional. El pasaje de acceso al interior, que se abre en la cara norte y originalmente contaba con una pequeña capilla, de la cual quedan escasos vestigios, lleva a un vestíbulo y

D

B

C

E

C. Los textos, elegantemente grabados en columnas en las paredes de las habitaciones funerarias, contienen fórmulas e invocaciones pensadas para asegurar la supervivencia del rey en el más allá. La decoración de las habitaciones no llegó a completarse debido a la muerte prematura del soberano; según el historiador egipcio Manetón, fue asesinado por sus guardaespaldas.

luego a la cámara funeraria, en donde el sarcófago, construido de piedra *bekhen*, una *grauwaca* procedente del lejano *wadi* Hammamat, en el desierto oriental, todavía se encuentra en su posición original. Los muros de estas cámaras están decorados, al igual que en la pirámide de Unas, con inscripciones jeroglíficas, una gran parte de las cuales fue destruida por los canteros. Sólo recientemente han sido restauradas, gracias al paciente trabajo de los arqueólogos franceses del equipo dirigido por Jean Leclant.

En la cara oriental se encuentra el templo funerario, que comenzó a ser

desmantelado ya en el Segundo Período Intermedio. Incluía un amplio patio rodeado por columnas y en cuyo centro quedan restos de un altar de basalto. En la esquina sureste se puede ver una pirámide satélite relativamente bien conservada, mientras que en la zona noroeste del complejo de Teti se encuentran los restos de las dos pequeñas pirámides de las reinas Iput y Khuit, ambas esposas de Teti.

D. Las cámaras interiores de la pirámide de Teti están decoradas con Textos de las pirámides, una costumbre comenzada con el antecesor de Teti, Unas. Desgraciadamente, los textos de la cámara funeraria fueron casi por completo destruidos cuando el monumento fue utilizado como cantera de materiales de construcción durante la Antigüedad.

E. Las enormes losas de caliza dispuestas en doble vertiente y que forman el techo de la cámara funeraria fueron consolidadas durante los largos trabajos de restauración. La decoración de estilo astronómico incluye una miríada de imperecederas estrellas, comparadas con el alma del rey.

A

LA MASTABA DE MERERUKA

Principales títulos: Visir;
superintendente de la ciudad;
supervisor de los profetas de la
pirámide de Teti
Período: VI Dinastía

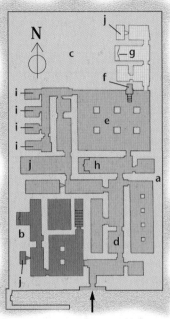

PLANTA DE LA MASTABA
DE MERERUKA
a. *Zona de Mereruka*
b. *Zona de
Watethathor*
c. *Zona de
Meryteti*
d. *Habitación A III*
e. *Habitación principal*

con seis columnas
(habitación A XIII)
f. *Nicho con estatua
de Mereruka*
g. *Estela de falsa
puerta de Meryteti*
h. *Pozo*
i. *Almacenes*
j. *Serdab*

B

C

La mastaba de Mereruka, situada al
noroeste de la pirámide de Teti y
excavada en 1892 por Jacques de
Morgan, es la mayor de las tumbas
conocidas del Reino Antiguo, pues ocupa
una superficie de casi 1.000 m². Se trata
de una tumba familiar dividida en 32
habitaciones, 17 de las cuales están
reservadas al propio Mereruka (conocido
también como Meri), que ocupó la
posición de visir durante el reinado de
Teti. Las otras estancias están reservadas
su esposa —la princesa Watethathor
(conocida como Sesheshet), hija de
Teti— y a su hijo Meryteti. No todas las
habitaciones están decoradas, pues
algunas sirvieron sólo como almacenes.

El complejo sólo posee una entrada
que se encuentra en la fachada sur; sus
montantes están decorados con dos
relieves que representan al difunto junto
su esposa. La disposición interior está
pensada de tal modo que toda la zona
este de la tumba (entrando a la derecha)
está dedicada a Mereruka y termina en
una amplia sala con seis pilares dominada
por un nicho con una estatua a tamaño
natural del difunto, mientras que un
pequeño anexo al norte está dedicado a
su hijo y la sección suroeste, a su esposa.

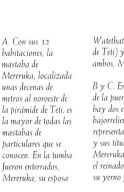

*A. Con sus 32
habitaciones, la
mastaba de
Mereruka,
localizada
unas decenas de
metros al noroeste
de la pirámide de Teti, es
la mayor de todas las
mastabas de
particulares que se
conocen. En la tumba
fueron enterrados,
Mereruka, su esposa*

*Watethathor (la hija
de Teti) y el hijo de
ambos, Meryteti.*

*B y C. En las jambas
de la puerta de
entrada
hay dos elegantes
bajorrelieves que
representan a Mereruka
y sus títulos.
Mereruka vivió durante
el reinado de Teti y fue
su yerno y visir.*

D

E

G

D. La estatua a tamaño natural del difunto se encuentra en un profundo nicho delante de una mesa de ofrendas, en el muro morte del la gran sala con seis pilares (habitación A XIII). Cerca del nicho hay otras imágenes del difunto junto a su esposa y su madre que, como era costumbre, aparece de menor tamaño y de pie junto a sus rodillas. Está mirando las escenas representadas en los muros adyacentes.

F

H

L

I

J

K

E. Una pequeña puerta en el rincón noreste de la habitación con seis pilares (A XIII) lleva al sector de la tumba reservado a Meryteti. Los bajorrelieves del arquitrabe representan a gente joven practicando varios juegos atléticos.

F. El muro sur de la habitación con seis pilares (A XIII), al oeste de la puerta de entrada, contiene un bajorrelieve con un grupo de mujeres llorando por la muerte de Mereruka.

G. Este interesante bajorrelieve forma parte de una escena dedicada a un tema bastante poco habitual: la alimentación forzada de hienas. Dos hombres se preparan para obligar al animal a tragar piezas de carne. Esta práctica impedía que las hienas, que eran tratadas como una especie de mascotas en el antiguo Egipto y se utilizaban para cazar, se comieran las piezas cobradas.

H, I y J. La metalurgia y la creación de joyas y collares son una parte importante del esquema decorativo de la tumba y son el tema de un largo bajorrelieve situado en la pequeña cámara conocida como habitación A III. Muestra a orfebres enanos creando collares y joyas (H y J) y el pesaje de metales preciosos, cuidadosamente anotado por un escriba (I).

K. En el lado este de la habitación con seis columnas (A XIII) aparecen las habituales escenas agrícolas. La foto muestra a campesinos cosechando el grano.

L. En el sector de Meryteti (habitación C III) hay una gran estela de falsa puerta con una triple jamba. El bajorrelieve de encima del dintel muestra al difunto delante de una mesa de ofrendas.

A

LA MASTABA DE KAGEMNI

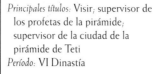

Principales títulos: Visir; supervisor de los profetas de la pirámide; supervisor de la ciudad de la pirámide de Teti
Período: VI Dinastía

Esta tumba, descubierta por Richard Lepsius en 1843 y excavada por Jacques de Morgan en 1893, por Victor Lorent entre 1897 y 1899 y por Cecil M. Firth entre 1920 y 1926, se encuentra situada detrás de la de Mereruka y pertenece a Kagemni, conocido como Memi, que ocupó la posición de visir a comienzos del reinado de Teti y se casó con la princesa Nebty-nubkhey, conocida como Sesheshet.

Aunque sólo cuenta con ocho habitaciones decoradas, utilizadas para el culto funerario, es bastante grande, pues tiene una serie de almacenes que ocupan una superficie de unos 1.000 m². La mastaba

A. Al igual que la mastaba de Mereruka, las jambas de la puerta de entrada de la mastaba de Kagemni poseen una doble representación del difunto con sus títulos.

B. Esta encantadora escena de pesca con cestos y redes en las marismas, utilizando un barco de papiro, se encuentra en el muro norte de la habitación con tres columnas (habitación III). En el agua se pueden ver flores de loto.

C. Dos personas, sentadas frente a frente sobre una estera, sujetan mazas ensanchadas en un extremo, utilizadas para golpear la estera y aplastar sus fibras. El texto jeroglífico explica la escena: «El golpe de la estera.»

D. Esta escena de ordeño es bastante realista. Las patas traseras de la vaca están atadas y ésta muestra la lengua en señal de rebelión.

B

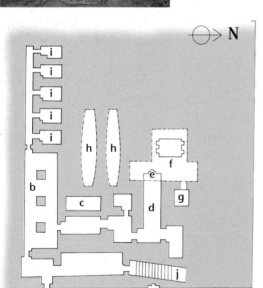

C

D

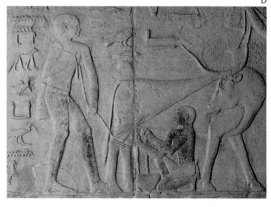

PLANTA DE LA MASTABA DE KAGEMNI
a. *Entrada*
b. *Habitación con tres columnas (o habitación III)*
c. *Serdab*
d. *Sala de ofrendas (habitación VII)*

e. *Estela de falsa puerta*
f. *Cámara funeraria*
g. *Pozo*
h. *Trincheras con forma de barco*
i. *Almacenes*
j. *Escalera*

E

F. Vista general de la habitación VIII, cuyo esquema decorativo contiene escenas de ofrendas llevadas al difunto. Es la parte de la tumba en donde se han conservado mejor los colores.

G. En el muro norte de la habitación VIII Kagemni aparece mientras recibe una procesión de personas que traen ofrendas, incluidas jarras de ungüento y piezas de lino, objetos necesarios para la vida del difunto en el más allá.

E. La estela de falsa puerta, rodeada por una triple jamba y con una estrecha abertura. En la sección superior aparece el difunto delante de una mesa repleta de comida. El texto que la acompaña («miles de barras de pan, miles de dulces, miles de jarras de cerveza») aseguraba mágicamente al difunto la comida necesaria para su subsistencia.

F

G

PLANO DE LAS MASTABAS EN EL LADO NORTE DE LA PIRÁMIDE DE TETI

a. *Pirámide de Teti*
b. *Mastaba de Mereruka*
c. *Mastaba de Kagemni*
d. *Mastaba de Ankhmahor*
e. *Pirámide de Khuit*
f. *Pirámide de Iput*

también contiene un *serdab*, completamente cerrado y aislado del resto de la tumba, y lo que es bastante raro en una tumba privada, dos habitaciones en forma de barco localizadas en el tejado, que sin duda son una evocación de las trincheras de la calzada de Unas.

La entrada, localizada en el lado este, posee una decoración similar a la de la mastaba de Mereruka, con jambas decoradas con bajorrelieves del difunto con sus títulos. El estilo decorativo es más delicado que en la tumba de Mereruka, aunque los colores de los relieves están en una condición mucho peor. Los temas son típicos de las tumbas de la época: escenas agrícolas, caza y pesca en las marismas y la presentación de ofrendas.

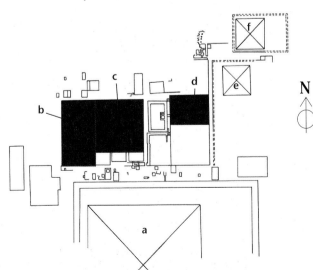

N

Otras mastabas

Algo más al este se localizan unas cuantas mastabas más de la VI Dinastía, junto al muro norte de la pirámide de Teti. Fueron excavadas en 1899 por Victor Loret y todavía no están abiertas al público. La más conocida es la de Ankhmahor, que tuvo los títulos de visir, el primero detrás del rey y supervisor de la Gran Casa. Su tumba también es conocida como la mastaba del médico, pues en sus bajorrelieves se puede ver una operación en un pie y una circuncisión, además de las habituales escenas de la vida diaria y los temas funerarios.

EL SECTOR OESTE

LA MASTABA DE TI

Principales títulos: Supervisor de las pirámides de Niuserre y Neferirkare; supervisor de los templos solares de Sahure, Niuserre y Neferirkare
Período: V Dinastía

A

B

Ti era un dignatario que vivió durante la V Dinastía y que ostentó el título de supervisor de las pirámides de Niuserre y Neferirkare. Su tumba, descubierta por Auguste Mariette en 1865, es pequeña, pero quizá la más bonita de toda la necrópolis debido a su exquisita decoración. También es una de las más interesantes, pues alguna de las escenas que contiene son únicas.

La tumba consiste en una pequeña entrada que lleva a un vasto patio con peristilo, la parte central del cual está ocupada por un pozo que termina en un corredor descendente que lleva a la camara funeraria. La decoración original de las paredes del patio, con escenas de la vida diaria y del difunto, está casi por completo destruida y posee poco

PLANTA DE LA MASTABA DE TI
a. *Entrada*
b. *Patio*
c. *Serdab*
d. *Pozo que conduce a la cámara funeraria*
e. *Estela falsa puerta de Demedji*
f. *Estela falsa puerta de Neferhetpes*
g. *Corredor*
h. *Primera habitación*
i. *Vestíbulo*
j. *Sala de ofrendas*
k. *Estela falsa puerta de Ti*

C. La parte más importante de la tumba es la ampia sala de ofrendas, con el techo soportado por dos pilares. En la parte occidental del muro hay dos estelas de falsa puerta.

D. La estela de falsa puerta de Ti está situada en la parte norte del muro occidental, precedida por una mesa de ofrendas de alabastro.

A. Un vasto patio, rodeado por un pórtico soportado por doce pilares, precede a las capillas de la mastaba de Ti, una de las más bonitas de la necrópolis de Sakkara. Cerca del rincón noroeste del patio se encuentra el primer serdab. Ti, un dignatario de alto rango que vivió durante la V Dinastía, se casó con Neferhetpes, profetisa de Neith y Hathor, y tuvieron un hijo llamado Demedji. Un amplio pozo que nace en el patio lleva a la cámara funeraria, donde se encontró el sarcófago vacío del difunto.

B. La primera habitación de la tumba, que probablemente sirviera como almacén de ofrendas, posee una planta larga y estrecha y está completamente decorada con bajorrelieves en siete registros. Los temas principales ilustran la preparación de comida y bebida, la producción de terracota y la presentación de ofrendas.

C

D

interés. En el muro norte del patio hay un primer *serdab*, mientras que en el rincón suroeste hay un pasaje extremadamente estrecho que conduce hasta dos habitaciones, ambas espléndidamente decoradas con bajorrelieves pintados.

El eje principal de la primera habitación, que se abre al muro oeste del corredor, es perpendicular a éste; la habitación está decorada con escenas de ofrendas en lo alto de nueve paneles, junto con escenas de preparación de comida y bebida. El corredor sigue

E

después hasta una segunda habitación más grande, precedida por un pequeño vestíbulo. Esta habitación, cuyo techo soportan dos pilares y que es conocida también como la sala de ofrendas, conduce a un segundo *serdab*, accesible mediante una pequeña apertura en el muro sur. Contiene una réplica de la estatua del difunto, cuyo original se expone en el Museo de El Cairo. La mayor parte del muro occidental de la sala está cubierta por la famosa escena de la construcción de barcos, en donde podemos ver la actividad desarrollada en un astillero y la detallada representación de la construcción de un barco de madera. El muro norte está decorado con una amplia escena con una imagen a tamaño natural del difunto mientras caza hipopótamos en las marismas del delta.

F

G

E. La estatua de caliza pintada de Ti, encontrada por Mariette en el serdab, ha sido reemplazada por una copia; el original se expone en el Museo de El Cairo. La cabeza del dignatario está adornada con una peluca redonda que baja por ambos lados de su cara y le cubre las orejas.

F. El bajorrelieve más conocido de la tumba de Ti, situado en el muro oeste de la sala de ofrendas, muestra la construcción de barcos bajo la supervisión del difunto y está descrita con mucho detalle. La fotografía muestra la unión de la parte superior de la borda, utilizada para sujetar los remos.

H

I

G. La estrecha apertura que conduce al serdab es visible en la parte oriental del muro sur de la sala de ofrendas. El serdab contenía una estatua a tamaño natural del difunto, que podía comunicarse así mágicamente con el mundo de los vivos y recibir ofrendas. A los lados de la entrada se puede ver a dos personas; son los servidores del ka del difunto, representados mientras queman incienso. A la derecha dos artesanos enderezan los postes utilizados para soportar una tienda, mientras que a la izquierda hay dos funcionarios seguidos por un escriba.

H. Este bello bajorrelieve, que cubre una gran sección de la parte norte de la sala de ofrendas, muestra a Ti sobre una barca de papiro en las marismas mientras participa en una caza de hipopótamos.

I. Esta escena del muro sur de la sala de ofrendas muestra a unos carpinteros que han cortado un gran árbol y están tallando la madera.

123

LA MASTABA DE PTAHHOTEP Y AKHETHOTEP

Principales títulos de Ptahhotep: Visir y juez; supervisor de los profetas de las pirámides de Menkaure e Izezi, supervisor de los sacerdotes de la pirámide de Niuserre
Principales títulos de Akhethotep: Visir y juez; supervisor de las

ciudades de las pirámides de Niuserre, Djedkare Izezi y Menkauhor; supervisor de los profetas de las pirámides de Niuserre, Djedkare Izezi y Menkauhor
Período: Finales de la V Dinastía, reinados de Djedkare Izezi y Unas

A unos cientos de metros de la mastaba de Ti se encuentra la mastaba doble de Ptahhotep y Akhethotep. Akhethotep era un dignatario que vivió en la V Dinastía. Su hijo Ptahhotep, cuyo sarcófago, pero no su tumba, lleva los títulos de visir y juez, probablemente también fuera enterrado en este sector.

La belleza de los bajorrelieves de la parte de la tumba que pertenece a Ptahhotep, que es casi un anexo a la tumba principal, ha hecho que la mastaba doble sea conocida con el nombre de este funcionario.

El corredor de entrada lleva a una amplia habitación con cuatro pilares; en el muro oeste hay una puerta que conduce a la capilla de Akhethotep, en forma de T invertida. En la esquina suroeste de la habitación con cuatro pilares hay un pasaje que lleva a la capilla de Ptahhotep, decorada con unos maravillosos bajorrelieves pintados. La decoración del muro oeste es particularmente elegante; allí, flanqueada por dos estelas hay una

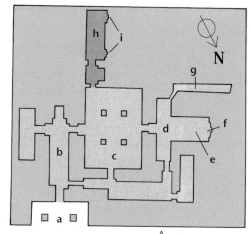

PLANTA DE LA MASTABA DE PTAHHOTEP Y AKHETHOTEP
a. Entrada
b. Vestíbulo
c. Habitación con cuatro pilares
d. Sector de Akhethotep
e. Capilla de Akhethotep
f. Estela falsa puerta de Akhethotep
g. Serdab
h. Capilla de Ptahhotep
i. Estela falsa puerta de Ptahhotep

A. La entrada a la mastaba de Ptahhotep y Akhethotep, que vivieron a finales de la V Dinastía y probablemente fueron padre e hijo, está precedida por un pórtico con dos pilares.

B. La estela falsa puerta de Akhethotep contiene una triple jamba y su parte superior está sin terminar. En la parte inferior se pueden ver seis pequeñas imágenes del difunto de pie.

C. En el muro oeste de la capilla de Ptahhotep hay dos estelas de falsa puerta. La apertura de la más meridional está rodeada por una doble jamba. Debajo hay cuatro representaciones del difunto, que aparece de pie en las dos jambas centrales y sentado en una silla de mano en la del extremo izquierdo y sentado dentro de kiosko en la del extremo derecho.

D. Un estrecho pasaje que comienza en el centro del muro oeste de la habitación con cuatro pilares conduce a la capilla en forma de T invertida de Akhethotep, en el extremo de la cual se encuentra la estela de falsa puerta.

E. En este elegante bajorrelieve, Ptahhotep sentado en una silla de alto respaldo y vestido con la piel de un felino, huele ungüento perfumado en un contenedor de piedra semipreciosa.

F. El primer portador de ofrendas del registro central carga con una flor de loto en una mano y un largo ramo de papiros en el brazo izquierdo.

G. En esta misma sección del muro se encuentra una escena de increíble realismo, en donde un león hinca sus garras en el hocico de una aterrorizada vaca.

H. El muro este también contiene una inusual representación del mundo animal, incluidos estos dos puercoespines, el primero de los cuales sale de su madriguera para capturar un grillo.

I. Al comienzo del muro este de la capilla, el difunto aparece representado con su hijo Akhethotep, mientras le son presentadas reses (registro superior) y patos y grullas (registro inferior).

E

F

escena de presentación de ofrendas al difunto, que está sentado delante de una mesa. Mayor interés tiene todavía la decoración del lado este, donde hay dos escenas simétricas. Cada una de ellas muestra al difunto sentado delante de nueve paneles de bajorrelieves, que no sólo son bellos, sino que tratan temas poco habituales, como escenas náuticas, batallas y animales raros.

G

H

I

J. Los inmensos túneles abovedados del Serapeo contienen los enormes sarcófagos utilizados para enterrar los cuerpos embalsamados de los sagrados toros Apis.

J

El Serapeo

El complejo del Serapeo se encuentra situado en este sector de la necrópolis, al este de las mastabas de Ptahhotep y Ti. Era utilizado para el culto funerario de los sagrados toros Apis, como atestiguan los inmensos túneles subterráneos de época saíta donde reposan los enormes sarcófagos que contuvieron las momias de estos animales. Este complejo subterráneo, descubierto en fecha tan temprana como 1738 por Pococke, fue redescubierto por Mariette en 1851, quien también encontró lo que pensó era la tumba del príncipe Khaemwaset, el hijo de Ramsés II.

EL SECTOR DE LA PIRÁMIDE DE UNAS

PLANO DEL SECTOR DE LA PIRÁMIDE DE UNAS

a. *Pirámide de Unas*
b. *Tumbas persas (Psamético, Pediese y Djennehebu)*
c. *Pirámide satélite*
d. *Tumba de Amen-Tefnakht*
e. *Mastaba de Khenut*
f. *Mastaba de Nebet*
g. *Tumba de Khnu*
h. *Mastaba de Sesheshet Idu*
i. *Mastaba de Mehu*
j. *Parte meridional del muro del recinto de Djoser*
k. *Trinchera en forma de barco*
l. *Tumba de Neferherenptah («la tumba del pájaro»)*

m. *Tumba de Irukaptah («la tumba del carnicero»)*
n. *Tumba de Nefer*
o. *Mastaba de Niankhnum y Khnumhotep*
p. *Mastaba de Akhethotep*
q. *Monasterio de san Jeremías*

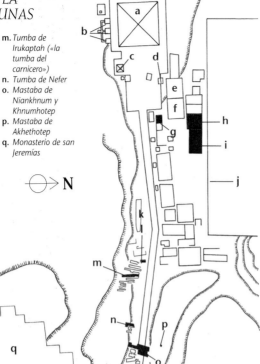

N

LA PIRÁMIDE DE UNAS

Nombre antiguo: «Unas es el más perfecto de los lugares»
Altura original: 43 metros
Lado de la base: 57,5 metros
Ángulo: 56E18'35"

La pirámide de Unas, el último faraón de la V Dinastía, está bastante destruida y todo su recubrimiento exterior ha desaparecido, excepto en la cara sur, donde aún se conservan unos pocos bloques de caliza, que han sido restaurados en su sitio y donde hay una larga inscripción jeroglífica en donde se dice que Khaemwaset, el alto sacerdote de Ptah en Menfis, ha restaurado la pirámide por orden de su padre, Ramsés II y a vuelto a colocar el nombre de Unas, que había desaparecido por completo.

Las excavaciones realizadas en esta zona por el arqueólogo italiano Alesandro Barsanti a comienzos del siglo XX y en 1926 por Cecil M. Firth, hicieron posible identificar las demás estructuras del

A

A. *La pirámide de Unas, vista aquí desde el sur, se encuentra localizada a unos cientos de metros al suroeste del complejo de Djoser. Al igual que sucede con todas las pirámides de la V Dinastía, las otras estructuras están en muy mal estado.*

PLANTA Y SECCIÓN DE LA PIRÁMIDE DE UNAS

a. *Pirámide de Unas*
b. *Entrada*
c. *Corredor descendente*
d. *Segundo corredor*
e. *Rastrillos de granito*
f. *Cámara funeraria*
g. *antecámara*
h. *Capilla tripartita*
i. *Templo funerario*
j. *Pirámide satélite*
k. *Santuario*
l. *Patio*
m. *Almacenes*
n. *Vestíbulo*
o. *Rampa procesional*

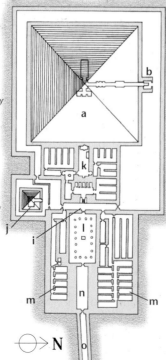

N

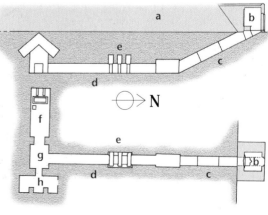

N

B. Los primeros textos jeroglíficos que adornaron las habitaciones funerarias de una pirámide se grabaron en la pirámide de Unas, son los llamados Textos de las pirámides.

C. Los Textos de las pirámides están dispuestos en columnas y son unos de los más antiguos textos religiosos y mágicos de la historia de la humanidad.

D. Las hiladas inferiores de la pirámide de Unas todavía conservan su recubrimiento original de bloques de caliza. La pirámide sufrió su primera restauración ya a comienzos del Reino Nuevo, llevada a cabo por el príncipe Khaemwaset.

E. Una gran inscripción jeroglífica en el lado sur de la pirámide documenta el trabajo realizado por el príncipe Khaemwaset.

F. El techo de la cámara y la antecámara están decorados con estrellas de cinco puntas. El sarcófago, que no contienen inscripciones, fue tallado en un bloque de arenisca negra.

complejo: el templo funerario, la rampa procesional y el templo del valle. Las excavaciones de Barsanti también revelaron un profundo pozo al suroeste de la pirámide, que conduce a las tumbas saítas. Se trata de tres tumbas pertenecientes a Psamético («el más grande de los médicos»), Pediese («director de los telares reales») y Djenhebu («director de la flota del rey»), todos los cuales vivieron durante el reinado de Ahmose (570-526 a.C.) y las dos décadas siguientes. Esta última tumba ha sido excavada recientemente por la expedición de la Universidad de Pisa, dirigida por Edda Bresicanni.

El templo funerario, situado en el lado este, está destruido casi por completo, y sólo quedan restos de las estructuras. Originalmente, este edificio incluía un vestíbulo que conectaba con un patio con peristilo que llevaba al templo propiamente dicho.

Al sur del templo hay un agujero rectangular que señala la posición de la pirámide satélite, mientras que al norte hay un profundo pozo excavado durante la época saíta para la tumba del general Amen-Tefnakht, que contenía un sarcófago con su momia; más al oeste se encuentra la trinchera con corredor descendente que conecta con un sistema de túneles subterráneos que corren por debajo del templo y que fue donde se enterraron Hotepsekhemuy, y quizá Raneb, los primeros dos faraones de la II Dinastía.

Al norte del templo funerario se encuentran las amplias mastabas de Khnut y Nebet, las esposas reales de Unas. En el lado norte hay un gigantesco bloque de caliza que pesa unas 30 toneladas, que procede de la base de la hilada exterior, y un corredor descendente de 1,4 metros de alto que lleva al interior de la pirámide y a un vestíbulo.

Desde aquí nace un segundo corredor, a medio camino del cual se pueden ver los restos de los grandes rastrillos de granito que obturaban el paso. El corredor desemboca en una primera habitación, con una abertura en el muro este que lleva a una pequeña cámara rectangular en la cual hay tres nichos, utilizados probablemente para estatuas del ka real, mientras que en la pared de enfrente, la oeste, está el pasaje que lleva a la cámara funeraria, al final de la cual se encuentra el gran sarcófago de diorita del faraón.

Ambas habitaciones, que tienen el techo a dos aguas decorado con un motivo de estrellas, están cubiertas de jeroglíficos que estuvieron pintados de azul. Son los llamados Textos de las pirámides, que incluyen fórmulas que permiten al alma del difunto vencer a los poderes hostiles y superar las dificultades que se encontrará en el Más Allá antes de reunirse con su padre divino Ra, para reinar junto a él. Estos textos, descubiertos en perfectas condiciones por Gaston Maspero en 1881, aparecen aquí por primera vez y fueron adoptados por los sucesores de Unas: Teti, Pepi I, Merenre y Pepi II. Los Textos de las pirámides fueron editados por Kurt H. Sethe y, posteriormente, con ampliaciones, por Gustave Jéquier y R. Faulkner.

LA RAMPA PROCESIONAL Y LAS TRINCHERAS DE LOS BARCOS

A. *La rampa procesional de Unas, de aproximadamente un kilómetro de largo, primero se dirige hacia el este y luego cambia de dirección, enfilando hacia el sur y el templo bajo, cuyos restos se encuentran situados en la entrada de la zona arqueológica. Originalmente, la rampa estaba techada y decorada con elegantes bajorrelieves, de los cuales no queda ni el más mínimo resto.*

B. *A 150 metros de los restos del templo funerario, cerca de la rampa procesional, se pueden ver dos grandes trincheras en forma de barco, revestidas de sillería, de unos 44 metros de largo. Funcionaban como simulacros de barcos.*

A

La rampa procesional comienza en el extremo este del templo y se continúa a lo largo de 1.000 metros, conectándolo con el templo del valle, situado cerca de la entrada a la zona arqueológica. Originalmente, la rampa estaba techada y cubierta de bellos bajorrelieves, en la actualidad expuestos en el Museo de El Cairo y en el Museo del Louvre, en París. Algunos de los relieves originales han sido restaurados en su posición original en el pequeño trecho de la rampa que se ha cubierto de nuevo para dar una idea de su aspecto original. Se trata de los relieves que muestran el transporte

C. *Uno de los bajorrelieves más interesantes que decoraban la rampa procesional de Unas es una escena increíblemente realista con los cuerpos esqueléticos de un grupo de personas hambrientas y desnutridas (probablemente beduinos). Una parte de este relieve se puede ver en el Museo de El Louvre.*

D. *La rampa, construida con grandes losas de caliza, tiene 2,6 metros de anchura y originalmente estaba flanqueada por dos muros de caliza de poco más de 3 metros de altura, con la parte superior decorada con bellos bajorrelieves. También estaba techada con losas de caliza, con una abertura en el medio de la cubierta para dejar entrar la luz. Este tejado ha sido reconstruido durante unos cuantos metros, como se puede ver en el fondo de la fotografía.*

B

E

E. *Las jambas de esta gran puerta de granito que da paso al templo funerario están decoradas con los cartuchos del rey.*

F

F. *Este bajorrelieve representa la llegada de barcos desde Asuán cargados con los grandes bloques de granito necesarios para la construcción de los monumentos.*

C

D

por barco de monolitos desde Asuán, la manufactura de jarras y la preparación de electro, la famosa aleación de oro y plata utilizada en la metalurgia antigua. Poco antes del punto donde está techada, la rampa pasa junto a dos grandes trincheras en forma de barco de unos 44 metros de largo revestidas con sillería; son simulacros de barcos solares.

EL COMPLEJO DEL HORUS SEKHEMKHET

Unos cientos de metros al suroeste de la pirámide de Unas hay un gran complejo funerario con los restos de un muro de recinto de similar apariencia al de Djoser. Su construcción fue interrumpida cuando había alcanzado una altura de 3,10 metros, siendo incorporado a un terraplén en un momento posterior de la construcción.

Dentro del recinto se encuentran los restos de una pirámide sin terminar que ha sido utilizada como cantera. De ella quedan poco más que las primeras hiladas y la subestructura, incluido el gran pozo que conduce a la cámara funeraria, donde se encontró un sarcófago de alabastro; también hay un grupo de 136 habitaciones. Este complejo, descubierto a comienzos de la década de 1950 por el arqueólogo egipcio Zakaria Goneim, perteneció al Horus Sekhemkhet, el sucesor de Djoser, que reinó durante un breve período de tiempo de sólo seis o siete años. Al igual que el complejo de Djoser, también cuenta con una tumba sur, descubierta en

1956 por Jean Philippe Lauer. No obstante, las excavaciones arqueológicas han demostrado que el Horus Sekhemkhet nunca fue enterrado aquí.

Los estudios fotogramétricos realizados en la zona en los últimos años han demostrado la existencia de otro gran complejo situado al oeste del de Sekhemkhet, del que todavía no se sabe nada.

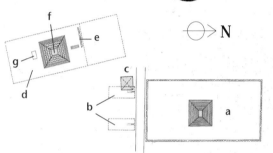

PLANO DEL COMPLEJO DEL HORUS SEKHEMKHET
a. Complejo de Djoser
b. Tumbas reales de la II Dinastía pertenecientes a Nynetjer y Hotepsekhemuy
c. Pirámide de Unas
d. Complejo del Horus Sekhemkhet
e. Restos del muro del recinto
g. Tumba sur

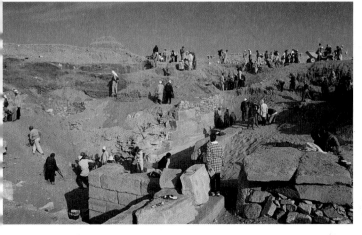

H. Esta pequeña caja de oro en forma de concha fue encontrada en la década de 1950 en el complejo del Horus Sekhemkhet, junto a otras joyas y collares (Museo de El Cairo).

I. La excavación de la mastaba de Akhethotep, al norte de la rampa procesional de Unas, está siendo llevada a cabo por un equipo francés del Museo del Louvre, donde desde la década de 1930, se expone la capilla funeraria de la misma.

LAS TUMBAS DEL SECTOR DE UNAS

LAS TUMBAS AL NORTE DE LA RAMPA

Al norte de la rampa procesional, entre ésta y el muro del recinto de Djoser, se encuentran las mastabas de las reinas Khenut y Nebet, así como las de Unas-haishetef, Iynefert (VI Dinastía), Unas-ankh (VI Dinastía), el visir Mehu y la princesa Idut; esta última es la única de todo el grupo abierta al público.

Cerca de la rampa procesional se encuentra la pequeña tumba de Khenu, mientras que más al sur está la mastaba de Akhethotep, un funcionario que vivió en la V Dinastía, durante el reinado de Niuserre. Su capilla funeraria fue desmantelada en 1930 y reconstruida en el Louvre, donde hoy está expuesta. La mastaba está siendo estudiada por un equipo del museo dirigido por Christiane Ziegler.

TUMBA DE KHENU

Principales títulos: Director de la pirámide de Unas; noble del rey de la Gran Casa
Período: Finales de la VI Dinastía

La parte superior de esta pequeña tumba, situada cerca del lado norte de la rampa procesional de Unas, pertenece a un funcionario que posiblemente viviera a finales de la VI Dinastía y entre cuyos títulos se encuentra el de «director de la pirámide de Unas». En ella hay dos representaciones del difunto en el muro oeste: la primera en posición de adoración con su hijos Sieunis, mientras que en la segunda está sentado delante de una mesa de ofrendas con otro de sus hijos, Ihy. Más hacia el interior de la tumba se encuentra su estela de falsa puerta.

A. La pequeña tumba de Khenu, un dignatario que vivió en la VI Dinastía, localizada al norte de la rampa procesional de Unas.

B. El difunto y su hijo son representados en uno de los pilares cuadrangulares del vestíbulo de la tumba.

C. También se conserva una estela en la puerta falsa de la tumba.

LA MASTABA DE SESHSESHET IDUT

Principales títulos: Hija del rey
Período: Finales de la V y comienzos de la VI Dinastía

Esta tumba, que fue descubierta por Cecil M. Firth en 1927, fue construida por el visir Ihy, durante el reinado de Unas, a finales de la V Dinastía. La tumba fue usurpada, a comienzos de la VI Dinastía, por la princesa Seshseshet, conocida como Idut, quien realizó muchos cambios en la decoración original, principalmente en el muro este de la segunda habitación.

Esta tumba se caracteriza por la belleza de los bajorrelieves que decoran cinco de sus diez habitaciones. En las dos primeras habitaciones, algunas de las escenas más importantes tratan temas náuticos y de caza y pesca, mientras que las últimas estancias están decoradas con bajorrelieves más convencionales, de ofrendas funerarias y su preparación.

D. Los bajorrelieves de la tumba de la princesa Seshseshet Idut son bastante refinados. Este relieve muestra a unos campesinos cruzando un canal en un barco de papiro con algunas reses (no visibles en la fotografía) y aves.

E. Utilizando la clásica paleta de su oficio, un escriba se afana en tomar nota de todo.

PLANO DE LA MASTABA DE SESHSESHET IDUT
a. *Entrada*
b. *Primera habitación*
c. *Segunda habitación*
d. *Sala de ofrendas*
e. *Estela de falsa puerta*

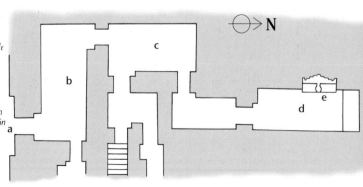

LA MASTABA DE MEHU

Principales títulos: Visir
Período: Comienzos de la VI Dinastía

La mastaba del visir Mehu, que vivió
entre los reinados de Teti y Pepi I, fue
descubierta por el arqueólogo egipcio
Zaki Saad y excavada por Abdul Salam
Hussein en 1940. La tumba, que está
alineada de este a oeste e incluye cuatro
habitaciones decoradas y un patio, se
encuentra al este y varios metros por
debajo de la de Idut, estando decorada
con unos exquisitos bajorrelieve
(restaurados recientemente por la
Organización de Antigüedades Egipcias)
que mantienen sus colores originales
prácticamente intactos.

Pasada la entrada, un pasaje lleva a
una pequeña habitación decorada con
escenas de caza y pesca en las marismas.
Desde ésta, un largo corredor recto se
dirige hacia el oeste y conduce a una sala
cuadrada, donde hay pinturas de ofrendas
de Mehu mientras las acepta y observa
una danza al son de la música de cuatro
arpistas. Seguidamente, el corredor
continúa hacia el norte, hasta una gran
capilla donde los bajorrelieves sobresalen
de un fondo azul-grisáceo, con una
espléndida estela de falsa puerta con
jeroglíficos amarillos sobre un fondo rojo
oscuro que imita la apariencia del granito.
Cerca hay una capilla más pequeña
dedicada a Merireankh, un dignatario que
ostentó el título de Supervisor de los
profetas de la pirámide de Pepi I,
decorada con pinturas de ofrendas. Al
norte del corredor derecho, hay un
amplio patio con dos pilares y adornado
con bajorrelieves que representan a Mehu
y su hijo Kahotep.

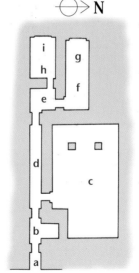

*La espléndida falsa
puerta de la mastaba de
Mehu está decorada con
un estilo poco habitual:
la caliza utilizada para
esculpirla fue pintada de
color rojo oscuro para
imitar al granito,
añadiéndole luego
jeroglíficos amarillos que
destacan claramente
sobre el fondo.*

*G. Los bajorrelieves de la
tumba de Mehu han
conservado sus bellos
colores. La foto muestra a
personas que llevan
ofrendas de comida (una
cesta de higos) y
animales (varios órix y
una gacela) al difunto,
pintado sobre un inusual
fondo azul grisáceo.*

*H. Otros portadores de
ofrendas le presentan
gacelas (parcialmente
visibles en la foto), un
ternero y aves.*

*I. Un sacerdote realiza
una purificación ritual
con agua delante del
difunto.*

*PLAN DE LA MASTABA
DE MEHU*
a. Entrada
b. Primera
habitación
c. Patio
d. Corredor
e. Segunda
habitación

f. Capilla para las
ofrendas de Mehu
g. Estela falsa puerta
de Mehu
h. Capilla de
Merireankh
i. Estela falsa puerta
de Merireankh

LAS TUMBAS AL SUR DE LA RAMPA

Al sur de la rampa procesional de Unas hay algunas tumbas impresionantes, casi todas ellas excavadas en la roca caliza de la meseta. Construidas durante la V Dinastía, ciertamente antes del reinado de Unas, entre el 2400 y el 2300 a.C., fueron descubiertas durante las excavaciones realizadas en el sector por Ahmed Moussa, entre 1964 y 1972. Todas tienen una disposición bastante similar, por lo general con una única habitación con la entrada mirando al norte, y se caracterizan por sus vívidos y bien conservados colores. Se trata de tumbas de personas de diferentes clases sociales, pero nunca de las más altas, que vivieron en la corte, como funcionarios, artesanos, peluqueros reales o manicuros de su majestad. Cuatro de ellas se pueden visitar solicitando previamente el permiso.

LA MASTABA DE NEFERHERENPTAH (LA TUMBA DE LOS PÁJAROS)

Títulos principales: Director de los peluqueros de la Gran Casa
Período: V Dinastía, en torno al 2315 a.C.

Varias decenas de metros al oeste de la tumba anterior, en una posición ligeramente más elevada (con acceso mediante una escalera moderna situada directamente bajo la rampa procesional), se encuentra la pequeña mastaba de Neferherenptah. Su construcción debió de ser interrumpida de forma abrupta por la edificación de la rampa procesional de Unas, lo que hace posible datar esta tumba inmediatamente antes del acceso al trono de este soberano, en torno a 2310 a.C.

C

D

E

A

B

PLANO DE LA MASTABA DE NEFERHERENPTAH

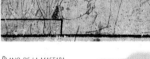

a. *Entrada*
b. *Capilla de ofrendas*
c. *Sector de la tumba decorado con bajorrelieves*
d. *Muro decorado sólo con dibujos*
e. *Falsa puerta incompleta*

A, B y C. La pequeña e incompleta tumba de Neferherenptah, director de los peluqueros durante la V Dinastía es bastante diferente de las otras tumbas del sector de Unas, pues la mayoría de sus paredes están decoradas con bellas pinturas, primero abocetadas en ocre rojo y con el dibujo definitivo en negro, sobre el cual los escultores no llegaron a empezar a ejecutar los bajorrelieves. Las fotografías A y B muestran dibujos de cultivos y jardines, mientras que la fotografía C muestra una de las raras escenas esculpidas de la tumba, donde se ve el ordeño de una vaca.

D. Tres campesinos recogen frutas y hortalizas en un jardín y los colocan en grandes cestos redondos.

La mastaba sin terminar está decorada con dibujos sencillos cuidadosamente realizados que tratan, principalmente, temas agrícolas como el ordeño, la preparación de carne y bebidas, el prensado de la vid, la recogida de higos de sicómoro y el cultivo de jardines. En el panel más alto de la derecha se encuentra la gran escena de caza de pájaros que da nombre a la tumba.

E. Esta espléndida representación de una bandada de pájaros da a la tumba su nombre: «la tumba de los pájaros».

F. Kaha, padre de Nefer, apoyado en su bastón y acompañado de su esposa y su hija, observa la presentación del ganado. En el registro superior, Kaha escucha un informe leído por un funcionario seguido por dos escribas, mientras que los guardias traen ante él a dos criminales.

G. El papiro recogido se utiliza para construir una pequeña canoa para navegar en las marismas. El registro inferior muestra a varios campesinos cuidando ganado.

H. Un campesino tala un árbol con un hacha.

I. Un pastor intenta alejar a las cabras que están ramoneando las hojas de un árbol.

TUMBA DE NEFER

F

Principales títulos: Supervisor de los artesanos; director de los cantantes del coro
Período: Comienzos de la V Dinastía, en torno al 2400 a.C.

G

H

Esta pequeña tumba, conocida como la tumba de Nefer, posee una estructura similar a la de la cercana tumba de Irukaptah. Se trata de un enterramiento múltiple, en el que fueron inhumadas nueve personas, incluidos: Nefer, quien vivió a comienzos de la V Dinastía y ostentó el título de director de los cantantes del coro; su esposa Khons; su padre Kaha, que también ostentó el título de director de los cantantes del coro; y su madre Mertietes, profetisa de Hathor.

En uno de los nueve pozos que contenían los cuerpos de los difuntos fue encontrada una momia en perfecto estado de conservación. Si bien no fue posible identificarla, quizá sea la del propio Nefer. Los temas de estos magníficos, coloridos y perfectamente conservados relieves son clásicos: ofrendas al difunto y sus esposas, vida agrícola, vendimia y prensado de las uvas, caza y pesca con redes y preparación de comida y bebida; pero también hay algunas escenas menos habituales que muestran la construcción de un barco de carga y una canoa, así como diferentes trabajos de carpintería.

J. Esta escena muestra la recogida de papiro, que era cosechado en grandes haces y transportado hasta el lugar donde se le daba uso.

K. Una de las dos estelas falsas puerta dedicadas al hermano de Nefer, Werbau, y su esposa, Khentkawes, que aparecen representados arriba durante el banquete funerario. Werbau también aparece representado en el dintel y en la entrada simbólica de la estela falsa puerta, entre Khentkawes y su madre Mertietes.

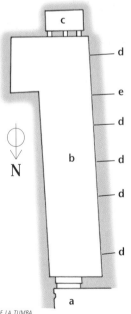

PLANO DE LA TUMBA DE NEFER
a. Entrada
b. Capilla de ofrendas
c. Serdab
d. Estela de falsa puerta
e. Estela de falsa puerta con decoración en fachada de palacio

I

K

J

L

L. Nefer aparece representado a bordo de un barco con la vela desplegada mientras navega hacia el sur. Los barcos egipcios sólo utilizaban las velas cuando navegaban contracorriente, Nilo arriba.

LA TUMBA DE IRUKAPTAH
(LA TUMBA DEL CARNICERO)

Principales títulos: Director de los carniceros de la Gran Casa; sacerdote *wab* del rey
Período: V Dinastía

N

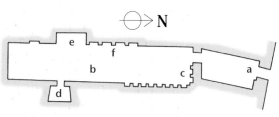

PLANO DE LA TUMBA DE IRUKAPTAH
a. *Entrada*
b. *Capilla de ofrendas*
c. *Grupo de diez estatuas policromadas*
d. *Nicho*
e. *Estela de falsa puerta*
f. *Grupo de cuatro estatuas sin pintar*

A, D e I. Las escenas de matanza de animales son bastante importantes en esta tumba, cuyo dueño, que vivió durante la V Dinastía, ostentó el título de «director de los carniceros de la Gran Casa» (como era llamado el palacio real). De hecho, esta tumba es conocida como la «tumba del carnicero».

B. El muro este contiene escenas de barcos en cuatro registros, de los cuales sólo los dos primeros están íntactos y en buenas condiciones. Se trata probablemente de barcos de transporte, con las velas desplegadas y sus cabinas cerradas, situadas a medio camino del mástil, decoradas con un dibujo ajedrezado.

Esta tumba, excavada por completo en la roca, pertenece a Irukaptah, un dignatario entre cuyos títulos se incluye el de director de los carniceros de la Gran Casa. Se la conoce habitualmente como la tumba del carnicero, debido a las escenas de matanza de animales que adornan el muro este.

En la parte oriental de la tumba, en donde fueron enterrados al menos diez miembros de la familia del dueño, se esculpieron diez coloridas estatuas en

altorrelieve, utilizando una técnica que sólo se encuentra en algunas tumbas de Guiza. Por encima de ellas se encuentra la famosa escena de matanza, que tiene lugar en presencia del difunto.

En la parte interna de la tumba hay cinco pozos, hoy rellenos; las escenas de esta parte son navales y de caza en las marismas.

En el muro de enfrente, el oeste, sólo hay cuatro estatuas sin pintar y una falsa puerta.

E

F

C. El muro este de la tumba de Irukaptah está decorado con ocho grandes estatuas policromadas talladas en la roca, que representan a los miembros de la familia del difunto enterrados aquí. Es la única tumba conocida de la necrópolis de Sakkara que utiliza este tipo de representación, más característica de las tumbas de Guiza.

C

G

H

E. En el muro este también aparecen ofrendas de comida para el difunto.

G. Detalle de una de las estatuas del muro este.

H. Dibujo preliminar de la estatua de un miembro de un miembro de la familia, groseramente esbozado con ocre rojo. Posteriormente, el dibujo se terminaba y detallaba en negro y luego los escultores podían empezar su tarea, seguidos por los estucadores y los pintores.

I

LA MASTABA DE NIANKHNUM Y KHNUMHOTEP

> *Principales títulos:* Profetas de Ra en el templo solar de Niuserre; supervisores de los manicuros de la Gran Casa
> *Período:* Mediados de la V Dinastía, en torno al 2340 a.C.

Esta gran tumba doble fue construida para dos manicuros, Niakhnum y Khnumhotep, hermanos, probablemente gemelos, que ostentaron ambos los títulos de profeta de Ra en el templo solar de Niuserre y de supervisor de los manicuros de la Gran Casa. La tumba, descubierta en 1964 bajo la calzada de Unas, en donde hubo que excavar una brecha para poder alcanzarla, es una de las más grandes y bonitas de toda la necrópolis. Posee una estructura compleja y durante su construcción fue modificada y ampliada en varias ocasiones.

La parte más antigua de la tumba, que es la capilla, fue de hecho excavada en la roca, mientras que el patio y las tres habitaciones se añadieron

A. El vestíbulo contiene una bella imagen de pesca con redes. Entre los diferentes peces, representados con bastante realismo, se puede identificar a la Tilapia nilótica y el Lates nilótico. Debajo a la derecha hay un pescador sentado sobre un barco de papiro.

B. Escenas del transporte de papiros, en barcas de ese mismo material, por entre las marismas.

C. Los dos dueños de la tumba: a la izquierda, Khnumhotep acompañado por su hijo Ptashepses; a la derecha, Knumhotep con su hijo Hemra, tal cual aparecen en las jambas de la puerta que conduce a la segunda habitación. En el dintel ambos aparecen sentados.

C

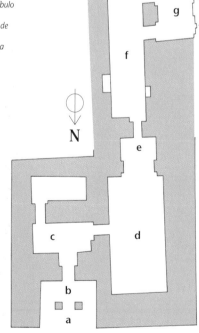

A

B

PLANO DE LA MASTABA DE NIANKHNUM Y KHNUMHOTEP
a. *Entrada*
b. *Vestíbulo*
c. *Primera habitación*
d. *Patio*
e. *Segundo vestíbulo*
f. *Capilla*
g. *Pequeña sala de ofrendas*
h. *Estelas de falsa puerta*

N

D. Un sacerdote celebra un ritual funerario quemando incienso delante de las estatuas de los dueños, que son llevadas sobre trineos hasta la tumba. El registro inferior muestra la ceremonia que tiene lugar antes de que la doble estatua sea colocada dentro del santuario.

E. Dos hombres utilizan redes para cazar aves en las marismas.

E

F

D

G

H

posteriormente. Construidas con bloques de piedra utilizando la técnica empleada en las mastabas.

La tumba incluye un vestíbulo, en el cual aparecen representados los dueños y la procesión funeraria. Desde aquí se pasa a dos habitaciones, de las cuales sólo la primera está decorada con bajorrelieves que repiten la procesión funeraria, seguidos de escenas de un mercado, caza en el desierto y de Niankhnum y Khnumhotep cazando y pescando en las marismas, supervisando el trabajo en los campos e inspeccionando los talleres de los artesanos.

El muro oeste de esta habitación conduce al patio, en la parte sur del cual se encuentra la entrada a la parte de la tumba excavada en la roca, que incluye la capilla rectangular, con el lado largo orientado de norte a sur, a la cual sigue una pequeña sala de ofrendas. El muro este de la capilla está decorado con bajorrelieves con escenas de agricultura y artesanos trabajando, mientras que la pared de enfrente contienen escenas de caza y pesca en las marismas. En la parte del muro oeste situada entre las dos

aberturas que llevan a la sala de ofrendas hay una bonita representación de Niankhnum y Khnumhotep abrazándose uno a otro con afecto[31]. En la última parte de la tumba hay dos escenas simétricas, con portadores de ofrendas para Niankhnum en el muro sur y para Khnumhotep en el muro norte.

I

F. La procesión funeraria, con sacerdotes y portadores de ofrendas, recorre el muro este del vestíbulo, delante de los dos dueños de la tumba (no visibles en la fotografía). En el registro inferior se ven dos barcos.

G. Esta escena, dividida en dos registros, muestra la preparación y el cocinado del pescado; debajo se puede ver la presentación de ofrendas.

H. Varios marineros a bordo de un barco de papiro participan en juegos acuáticos.

I. Los dos hermanos difuntos, unidos por fuertes lazos, se abrazan con afecto en el pilar que precede a la pequeña sala de ofrendas.

EL SECTOR ORIENTAL

A

Los restos del templo del valle de Unas se encuentran en este sector, al final de la rampa procesional, al pie de la meseta de Sakkara, junto a un bello bosque de palmeras, situado al lado de la entrada a la zona arqueológica. Algo más al oeste se encuentra el monasterio de san Jeremías, fundado en el siglo V d.C. y destruido por los árabes a mediados del siglo X.

B

C

Del templo del valle sólo quedan unos cuantos vestigios, incluidos los cimientos y dos columnas de granito rosa con capiteles palmiformes.

Las excavaciones en la zona del monasterio, comenzadas por J. E. Quibell en 1907 y, desde 1968, reemprendidas por el Instituto Arqueológico Alemán en El Cairo, han sacado a la luz los restos de una basílica con una nave central y dos laterales fechada en el siglo VI, además de los edificios del hospital y el refectorio.

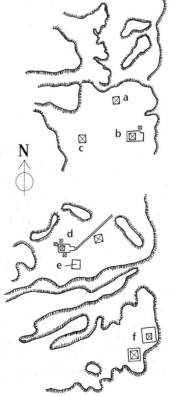

N

EL SECTOR SUR

Aunque el acceso es difícil (se necesita un permiso especial de la Organización de Antigüedades Egipcias, además de un guía y un vehículo todoterreno), esta parte de la zona arqueológica de Sakkara es extremadamente interesante y está llena de monumentos.

A. *La zona arqueológica de Sakkara está situada en una desierta meseta de caliza que bordea la llanura aluvial del Nilo, donde hay bosquecillos de palmeras y cultivos. A la derecha hay una carretera pavimentada que conduce a la zona arqueológica y, hacia la izquierda, a las pirámides de Userkaf y Djoser.*

B. *Numerosos troncos y capiteles de columna señalan el emplazamiento del monasterio de san Jeremías, fundado en el siglo V, que domina la parte oriental de Sakkara. El monasterio incluye una basílica con una nave central y dos laterales, un hospital y un refectorio.*

C. *El primer monumento que los visitantes ven en la zona arqueológica de Sakkara son los restos del templo bajo de Unas, señalado por columnas con capiteles palmiformes. El templo, cuya excavación comenzó en 1937 [32], incluye un muelle en forma de T.*

PLANO DEL SECTOR SUR
a. *Pirámide de Pepi I*
b. *Pirámide de Djedkare Izezi*
c. *Pirámide de Merenra*
d. *Pirámide de Pepi II*
e. *Mastaba Faraun (Shepseskaf)*
f. *Pirámides de Mazghuna*

138

LA PIRÁMIDE DE PEPI I

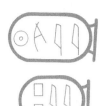

Nombre antiguo: «Pepi está establecido y es bello»
Altura original: 52,5 metros
Lado de la base: 78,5
Ángulo: 53E7'48"

Pepi I, el segundo soberano de la VI Dinastía, que sucedió a su padre Teti, construyó una bella pirámide en este sector. Originalmente tenía unos 52 metros de altura y era llamada Mennefer «estable y perfecta». Una corrupción de este nombre dio lugar a la palabra Menfis, utilizada hoy para referirnos a la capital del Reino Antiguo. En la época antigua era conocida como Ineb-hedj, o «El muro blanco». El nombre se refería o bien a la gran presa construida en ese punto del Nilo o al color de sus muros, construidos con caliza de Tura.

Casi completamente destruida por los cazadores de piedra, esta pirámide, extremadamente importante debido a los textos escritos en las paredes de las habitaciones funerarias, descubiertos en 1881 y estudiados por primera vez por Gaston Maspero, ha sido excavada en diversas ocasiones; de hecho, los trabajos comenzados en 1968 bajo la dirección de Jean Philippe Lauer y Jean Leclant, todavía continúan. Durante la excavación de la Misión Arqueológica Francesa en Sakkara, los arqueólogos descubrieron 2.500 bloques inscritos con *Textos de las pirámides* pertenecientes a las habitaciones interiores. Estos textos, muchos de los cuales son únicos, han sido catalogados, traducidos y colocados en su posición original.

Las excavaciones han revelado también el templo alto situado junto a la cara este de la pirámide y varias complejas estructuras más junto al muro sur del recinto de la pirámide, que incluyen tres pirámides anónimas pertenecientes a las esposas reales de Pepi I, con unas dimensiones de 20,96 metros de altura y de lado de la base. En sus habitaciones funerarias no se han encontrado textos [33].

D. Pepi I, quien sucedió a su padre Teti, fue el segundo monarca de la VI Dinastía y comenzó la costumbre de añadir un nombre de coronación a su nombre de nacimiento: Merira (o «amado de Ra») (Museo de El Cairo).

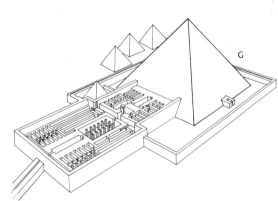

E. El complejo funerario de Pepi I, que incluye los restos de su pirámide, ha sido estudiado durante 20 años bajo la dirección del famoso egiptólogo Jean Leclant, que descubrió su estructura y estudió las habitaciones funerarias, cubiertas por los conocidos Textos de las pirámides.

F. La pirámide de Pepi tuvo originalmente 52,5 metros de altura, con una base cuadrada de 78,5 metros. Las estructuras del templo funerario, en el lado este, también fueron estudiadas.

G. Reconstrucción del complejo de Pepi I según los datos obtenidos de las excavaciones y la investigación de Audran Labrousse, de la Misión.

Arqueológica Francesa en Sakkara, con el templo funerario en la cara este de la pirámide y las tres pirámides de las reinas (según Audran Labrousse).

H. Las excavaciones arqueológicas también han hecho posible utilizar la anastilosis para reconstruir las estructura de las pirámides satélites localizadas al sureste de la pirámide.

LA PIRÁMIDE DE PEPI II

Nombre antiguo: «Pepi es el más estable
  en vida»
Altura original: 52,5 metros
Lado de la base: 78,5
Ángulo: 53E7'48"

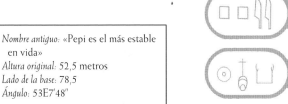

A

A. La pirámide de Pepi
Neferkare, más
conocido como Pepi II,
está situada
directamente al sur de la
de Djedkare Izezi, el
predecesor de Unas. A
pesar de la duración de
su reinado, que según
Manetón fue de 95
años, el tamaño de su
pirámide es el mismo que
el de sus predecesores,
Teti, Pepi I y Merenre.

La pirámide de Pepi II, el hijo de
Merenre, fue construida directamente al
norte de la de su padre y es una de las
mejor preservadas en este sector. En el
lado este de la pirámide de Pepi II,
excavada por Gustave Jéquier, hay una
pirámide satélite y un magnífico templo
funerario, que está en comunicación
con el templo del valle mediante la
rampa procesional. El templo del valle
no está muy bien conservado. La parte
final del corredor descendente y las
cámaras funerarias de la pirámide están
decoradas con *Textos de las pirámides*,
como el resto de las pirámides
del período.

En torno al complejo
hay tres pirámides de
reinas: en el rincón
sureste está la de la
reina Udjebten,
mientras que en el
rincón noroeste están las
de las reinas Iput y Neit, hija de
Pepi I y esposa de Merenre. En la
actualidad, el complejo está siendo
estudiado por la Organización de
Antigüedades egipcias bajo la dirección
de Zahi Hawass.

PLANO DE LAS
HABITACIONES FUNERARIAS
DE PEPI II
a. Entrada
b. Primer Corredor
c. Vestíbulo
d. Rastrillos de granito
e. Segundo corredor
f. Antecámara
g. Cámara funeraria
h. Sarcófago

N

PLANO DEL COMPLEJO
FUNERARIO DE PEPI II
a. Pirámide de Pepi II
b. Pirámide de la
   Reina Udjebten
c. Pirámide de la
   Reona Neit
d. Pirámide de la
   Reina Ipuit
e. Pirámide satélite
f. Muro del recinto
g. Templo funerario
h. Rampa procesional
i. Templo bajo

B. Reconstrucción del
templo bajo de Pepi II,
caracterizado por la
gran terraza con dos
rampas de entrada
(según Lauer).

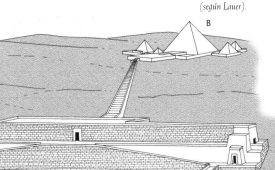

B

LA PIRÁMIDE DE DJEDKARE IZEZI

Nombre antiguo: «Izezi es bello»
Altura original: 52,5 metros
Lado de la base: 78,5 metros
Ángulo: 53E7'58"

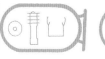

La pirámide de Djedkare Izezi, el
predecesor de Unas, está situada
directamente al sur del complejo de Pepi
I y, originalmente, era bastante similar a
ésta en cuanto a tamaño. La disposición
interna de las habitaciones de esta
pirámide, cuya estructura externa todavía
tiene 25 metros de altura, es similar a la
de la pirámide de Unas, pero no posee
textos en las paredes.

LA PIRÁMIDE DE MERENRE

Nombre antiguo: «Merenre brilla con belleza»
Altura original: 52,5 metros
Lado de la base: 78,5 metros
Ángulo: 53E7'48"

Cuando Pepi I murió, tras un largo reinado de 50 años, fue sucedido por su hijo Merenre, quien construyó una pirámide no lejos de la de su padre. En 1881, Maspero encontró el sarcófago de Merenre en la cámara funeraria de su pirámide; en su interior se encontró con el cuerpo momificado del faraón, hasta el momento la momia más antigua que se conoce[34].

Esta pirámide, casi por completo destruida, también tiene sus paredes decoradas con *Textos de las pirámides*, similares a los encontrado en la pirámide de Pepi I, que están siendo estudiados por la Misión Arqueológica Francesa en Sakkara. El estudio combinado de los textos de Merenre, Pepi I y Teti, llevado a cabo con ayuda de ordenadores, ha hecho posible la creación de un léxico y un corpus con todos los textos conocidos con una nueva numeración que tienen en consideración su posición en los muros.

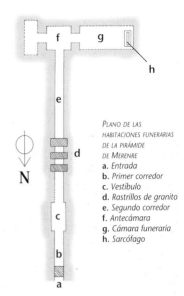

PLANO DE LAS HABITACIONES FUNERARIAS DE LA PIRÁMIDE DE MERENRE
a. Entrada
b. Primer corredor
c. Vestíbulo
d. Rastrillos de granito
e. Segundo corredor
f. Antecámara
g. Cámara funeraria
h. Sarcófago

LA MASTABA EL-FARAUN

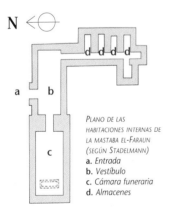

PLANO DE LAS HABITACIONES INTERNAS DE LA MASTABA EL-FARAUN (SEGÚN STADELMANN)
a. Entrada
b. Vestíbulo
c. Cámara funeraria
d. Almacenes

Los árabes utilizan el nombre de el-Faraun, «el banco del faraón», para referirse a esta gigantesca mastaba construida con enormes bloques de piedra, recubierta originalmente con bloques de caliza de Tura. Fue construida para Shepseskaf, hijo de Mekaure y último faraón de la IV Dinastía, quien reinó sólo cuatro años. El lado largo del monumento, que tiene forma rectangular, mide casi 100 metros. El corredor descendente, que nace en la cara norte, lleva a un vestíbulo al que siguen la cámara funeraria y un grupo de almacenes.

C y D. La forma de la mastaba el-Faraun, que Mariette exploró en 1858 y que aquí vemos desde el suroeste (arriba) y el norte (debajo), recuerda a la de un sarcófago. Construida con grandes bloques de caliza de Tura, originalmente tenía 99,5 × 73,3 metros de lado.

E. Reconstrucción de la mastaba el-Faraun, el nombre árabe utilizado para la tumba de Shepseskaf, hijo de Mekaure y último monarca de la IV Dinastía, según Jéquier y Lauer.

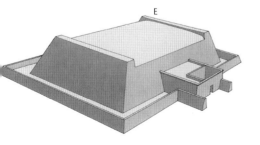

LAS PIRÁMIDES
DE DASHUR

A

B

La zona arqueológica de Dashur, abierta al público por primera vez en 1996, se encuentra a unos 10 kilómetros al sur de Sakkara, junto a una carretera asfaltada, aunque en realidad, a vuelo de pájaro, el más septentrional de los monumentos de Dashur no se encuentra a más de dos kilómetros de distancia de Sakkara.

Dashur alberga tres pirámides del Reino Medio (XII Dinastía), construidas por Amenemhat II, Sesostris III y Amenemhat III. Estas pirámides se encuentran situadas en la mitad oriental del yacimiento, alineadas de norte a sur. No obstante, lo realmente interesante de la necrópolis son las dos extraordinarias pirámides construidas por Esnefru, el fundador de la IV Dinastía: la enigmática pirámide Romboidal («Bent Pyramid» en inglés) y la pirámide Roja, que puede ser considerada la primera pirámide verdadera construida en Egipto. En un principio, parece difícil explicar el hecho de que un mismo soberano se construyera dos pirámide en el mismo lugar y se ha debatido intensamente cuál se construyó primero. Los conocimientos actuales nos llevan a pensar que la más antigua es la pirámide Romboidal.

En la actualidad, la zona de Dashur está siendo investigada por el Instituto Arqueológico Alemán en El Cairo, la expedición del Museo Metropolitano de Nueva York y el equipo de la Universidad de Waseda de Japón.

A. La pirámide Romboidal (la pirámide Sur de Esnefru) es el monumento más característico de la zona arqueológica de Dashur, situado a unos 10 kilómetros al sur de Sakkara y abierto al público en 1996.

B. La pirámide Norte de Esnefru, también llamada la «pirámide Roja» debido al color de sus bloques de caliza.

PLANO GENERAL DE LA NECRÓPOLIS DE DASHUR
a. *Pirámide de Sesostris III*
b. *Pirámide Roja (pirámide Norte de Esnefru)*
c. *Pirámide de Amenemhat II*
d. *Pirámide de Amenemhat III*
e. *Pirámide Romboidal (pirámide Sur de Esnefru)*
f. *Templo bajo de la pirámide Escalonada*
g. *Necrópolis de la IV Dinastía*

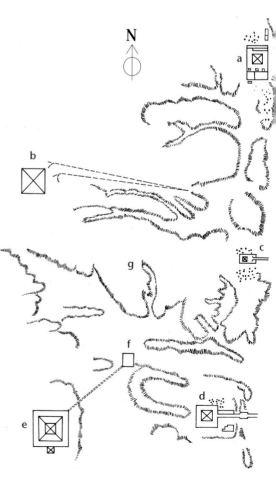

LAS PIRÁMIDES DE LA IV DINASTÍA
LA PIRÁMIDE ROJA O PIRÁMIDE NORTE DE ESNEFRU

Nombre antiguo: «Esnefru está brillando»
Altura original: 104 metros
Lado de la base: 220 metros
Ángulo: 43E22'

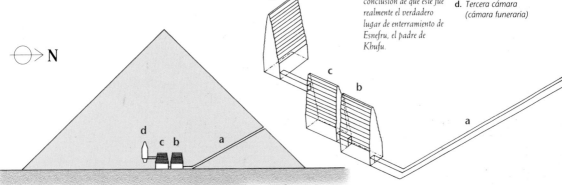

C. Originalmente, la pirámide Norte de Esnefru también estuvo recubierta de bloques de caliza de Tura. Recientes investigaciones han llegado a la conclusión de que éste fue realmente el verdadero lugar de enterramiento de Esnefru, el padre de Khufu.

SECCIÓN DE LA PIRÁMIDE ROJA Y RECONSTRUCCIÓN AXONOMÉTRICA DE LAS CÁMARAS INTERIORES
a. *Corredor descendente*
b. *Primera cámara*
c. *Segunda cámara*
d. *Tercera cámara (cámara funeraria)*

La pirámide septentrional de Esnefru, conocida comúnmente como la pirámide Roja por el color de la caliza utilizada en su construcción, tiene una pendiente de 43E22', que se corresponde exactamente con el ángulo de la parte superior de la pirámide Romboidal. Esto parece indicar que los arquitectos desearon tener en cuenta sus experiencias anteriores, utilizando un plano que era menos grandioso, pero que ciertamente se consideraba más seguro. En cualquier caso, con sus 220 metros de lado, la pirámide Roja, que originalmente estaba recubierta con bloques de caliza de Tura, a los cuales debe su nombre de «pirámide brillante», es la segunda en cuanto a la longitud de su base, sólo superada por la de Khufu. La entrada al largo corredor que conduce a las cámaras subterráneas se encuentra a 28 metros de altura. Tras descender durante 60 metros, el corredor se abre a una habitación extraordinariamente bella con un techo en falsa bóveda de más de 12 metros de altura, construido con once hiladas de bloques de caliza, cada una de las cuales sobresale unos centímetros con respecto a la inmediatamente inferior. Desde aquí, un nuevo corredor conduce a una segunda cámara, cuyo centro corresponde con el centro de la pirámide. También tiene un techo en falsa bóveda. En esta cámara, en la parte superior de su pared sur, otro corredor conduce a una tercera habitación orientada perpendicularmente a las dos primeras. El techo de esta cámara, de

C

D

E

nuevo es en falsa bóveda y tiene 16 metros de altura. Unos 400 metros al este de la pirámide hay una vasta necrópolis de la IV Dinastía, que ha sido excavada y estudiada por el Instituto Arqueológico Alemán en El Cairo, bajo la dirección de Rainer Stadelmann.

D. Recientes investigaciones realizadas en Dashur por el Instituto Arqueológico Alemán en El Cairo han permitido encontrar el piramidión que una vez coronó la pirámide y que, tras ser restaurado, ha sido situado junto a la cara este, al lado de los restos del templo funerario.

E. Dentro de la pirámide hay numerosos grafitos dejados por viajeros del siglo XIX, incluido Bernardino Drovetti, del Piamonte, que fue el cónsul francés en Egipto durante las primeras décadas del siglo XIX.

F. Un estrecho pasaje cuadrangular separa la primera de la segunda cámaras de la pirámide Roja.

G. El techo de la segunda cámara, cuyo centro geométrico coincide con el de la base de la pirámide tiene una espléndida falsa bóveda de más de 10 metros de altura.

F

G

LA PIRÁMIDE ROMBOIDAL O PIRÁMIDE SUR DE ESNEFRU

Nombre antiguo: «Esnefru brilla en el sur»
Altura original: 105 metros (altura planeada 128,5 metros)
Lado de la base: 188,6 metros
Ángulo: 54E27'44" - 43E22'

A

A. La Pirámide Romboidal (la Pirámide Sur de Esnefru) se encuentra a unos dos kilómetros al sur de la Pirámide roja (la Pirámide Norte de Esnefru). El cambio en la inclinación de las caras, que le da su extraña forma, tuvo lugar durante la fase final de la construcción, debido a las necesidades estáticas de la estructura, lo que supuso la reducción en unos 23 metros de la altura. La pirámide satélite es visible a la derecha de la foto, en el lado sur de la pirámide.

B. Reconstrucción del santuario situado en la cara este de la pirámide escalonada (según Ricke).

C. En la cara este de la pirámide se encuentra un pequeño santuario. Es similar al de la pirámide de Meidum y consiste en una mesa de ofrendas flanqueada por dos grandes estelas.

Esta pirámide de extraño aspecto, que parece ser más antigua que la pirámide Norte, fue la primera en ser diseñada no como una estructura escalonada, sino como una pirámide verdadera. El proyecto era grandioso y de haber sido terminado según lo planificado, habría sido la mayor pirámide de Egipto en esa época. No obstante, durante su construcción, cuando casi dos tercios de la altura planeada estaban edificados, los arquitectos decidieron repentinamente reducir la inclinación de los ángulos en más de 10E, desde 54E27'44" a 43E22', con la consiguiente reducción de 23,5 metros en la altura proyectada. No obstante, sigue siendo la cuarta pirámide más grande de Egipto, tras las de Khufu, la cercana pirámide Roja y la pirámide de Khafre.

El egiptólogo alemán Ludwig Borchardt sugirió que el cambio fue originado por la necesidad de completar la pirámide con más rapidez debido a la inesperada muerte del rey, pero es mucho más probable que los arquitectos, al notar signos de colapso en las bóvedas de las cámaras

interiores, decidieran aligerar el peso estático cambiando el ángulo de las caras, una solución que dio a éstas una curiosa forma quebrada. También tiene la particularidad de contar con dos entradas: una en la cara norte y otra en la oeste. Se puede suponer que también esto tiene que ver con los signos de colapso estructural y que uno de los dos corredores fue cerrado por considerarse poco seguro.

El acceso a las habitaciones funerarias se realizaba por una entrada situada a 11,5 metros de altura en la cara norte. Desde aquí, un corredor lleva a una primera habitación con techo en falsa bóveda de 17 metros de alto. Desde esta habitación sale a cierta altura un corredor que va a parar a otros dos cuartos más con techo en falsa bóveda, situadas a diferentes niveles.

La pirámide tiene una pirámide satélite, mientras en el lado este hay un pequeño templo funerario construido de de adobe con dos

B

C

D   E

D. Unos 700 metros al este de la pirámide Romboidal se encuentran los restos del templo bajo de Esnefru, que tiene planta rectangular y está construido con bloques de caliza de Tura. Es interesante mencionar que, debido a su posición por encima de la llanura inundable del Nilo, este templo debió tener una función diferente a la que normalmente se le atribuye a este tipo de estructura; probablemente tuvo algo que ver con el culto real.

E. La pirámide satélite, originalmente de 26 metros de altura, ahora reducida a no más de 20 metros, tiene un pequeño santuario en su cara este. Se cree que esta estructura tiene la misma función que la tumba Sur del complejo de Djoser.

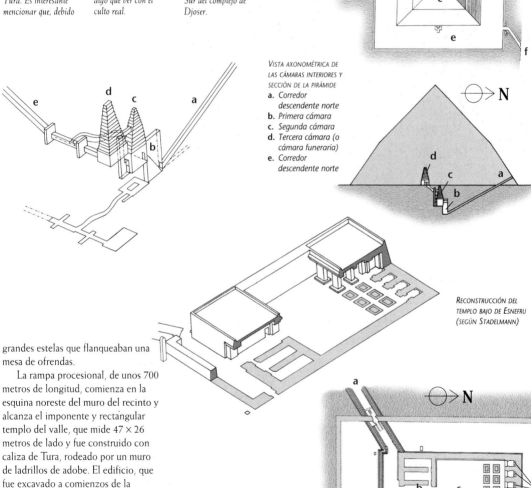

grandes estelas que flanqueaban una mesa de ofrendas.

La rampa procesional, de unos 700 metros de longitud, comienza en la esquina noreste del muro del recinto y alcanza el imponente y rectangular templo del valle, que mide 47 × 26 metros de lado y fue construido con caliza de Tura, rodeado por un muro de ladrillos de adobe. El edificio, que fue excavado a comienzos de la década de 1950 por el arqueólogo egipcio Ahmed Fakry, consta de un vestíbulo en el que hay dos grandes estelas rectangulares con los nombres del rey y un patio central que termina en seis capillas.

LAS PIRÁMIDES DEL REINO MEDIO

LA PIRÁMIDE DE SESOSTRIS III

> **Nombre antiguo:** Desconocido
> **Altura original:** 78,5 metros
> **Lado de la base:** 105 metros
> **Ángulo:** 56E18'35"

Ésta es la pirámide más septentrional de Dashur. Fue construida con adobe para Sesostris III, el quinto rey de la XII Dinastía. Al igual que todas las pirámides del Reino Medio, con la excepción de la de Amenemhat II, originalmente estaba recubierta de bloques de caliza de Tura, que actualmente han desaparecido casi por completo, además de estar tan deteriorada que parece un montón de escombros. Su núcleo fue dañado por la trinchera que los primeros exploradores, Richard William H. Vyse y John Shea Perring, excavaron en él en 1839, con la intención de penetrar en el monumento.

La entrada a las habitaciones funerarias no se encuentra ya en el norte, sino en el oeste, donde hay un pozo que conduce a la cámara funeraria,

A

A. Sesostris III, el hijo y sucesor de Sesostris II, cuya pirámide se encuentra en el-Lahun, en la zona de el-Fayum, construyó su pirámide en la zona más septentrional de la necrópolis. Actualmente, el monumento, que en origen medía 105 metros de lado y era la más grande de las pirámides de la XII Dinastía, no es más que un montón de escombros. Durante la campaña de excavación de 1894, De Morgan encontró intacta las tumbas de las princesa Mereret y Sithathor, en el lado norte de la pirámide.

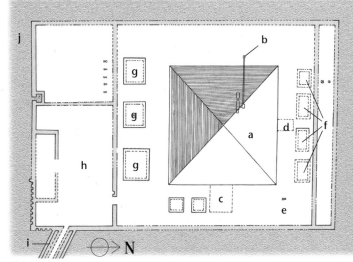

PLANO DEL COMPLEJO DE SESOSTRIS III
a. Pirámide de Sesostris III
b. Entrada
c. Restos de la capilla este
d. Restos de la capilla norte
e. Pozo
f. Mastabas de las princesas
g. Mastabas meridionales
h. Patio
i. Rampa
j. Cripta de los barcos

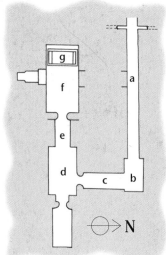

PLANO DE LAS HABITACIONES SUBTERRÁNEAS DE LA PIRÁMIDE DE SESOSTRIS III
a. Corredor
b. Primera cámara
c. Segunda cámara
d. Vestíbulo
e. Antecámara
f. Cámara funeraria
g. Sarcófago

B. Este cinturón de oro y amatista y esta tobillera forman parte del ajuar funerario de Mereret, esposa de Sesostris III y hermana del futuro Amenemhat

III. Las cuentas de amatista, dispuestas en un hilo doble, están interrumpidas por broches de oro en forma de doble cabeza felina (Museo de El Cairo).

B

C. Este pectoral pertenece a la princesa Sathathor, hija de Sesostris II y hermana (quizá también esposa) de Sesostris III. En el centro de la joya con forma de capilla aparece el cartucho de Sesostris II, junto al cual hay dos halcones con la doble corona, animal que representa tanto al dios Horus como al faraón. Un pectoral similar se encuentra expuesto en el Museo Metropolitano de Nueva York (Museo de El Cairo).

D y E. Estos dos magníficos pectorales en forma de capilla, con amatista, turquesa, lapislázuli, cornalina y pastas vítreas, formaban parte del ajuar funerario de Mereret. En el primero (arriba), la diosa Nekhbet, con las alas abiertas, corona el cartucho de Sesostris III, junto al cual dos grifos, que representan el poder del rey, dominan a sus enemigos. En el segundo (debajo), Nekhbet corona los cartuchos de Amenemhat III, junto a los cuales el faraón, esta vez con forma humana, aparece golpeando a sus enemigos (Museo de El Cairo).

en donde se encontró un gran sarcófago de granito. Un segundo pozo situado al noreste fue descubierto por Jacques de Morgan en 1894 y está conectado con un complejo de cuatro tumbas de reinas y princesas, de las cuales las de Sithathor y Mereret produjeron un magnífico ajuar funerario, actualmente expuesto en el Museo de El Cairo. En el pozo sur, De Morgan también descubrió tres mastabas[35], consiguiendo entrar en dos de ellas, además de una zona subterránea con seis barcos de madera.

En 1990, la expedición del Museo Metropolitano de Nueva York, dirigida por Dieter Arnold, comenzó

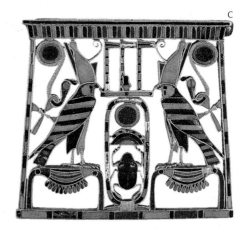

C

D

E

una serie de excavaciones sistemáticas en la zona que, en 1994 llevaron al descubrimiento de la entrada a una de las tres mastabas al sur de la pirámide, perteneciente a la reina Khnemet-nefer-heget, conocida como Weret, madre de Sesostris III. Contenía un rico escondite con joyas, algunas de las más interesantes eran dos brazaletes con pilares *djed* (una representación estilizada de una columna vertebral) y dos escarabeos de amatista grabados con el nombre de Amenemhat II. El año siguiente, la misma expedición encontró dos nuevas mastabas situadas al norte de la pirámide, pertenecientes al visir Nebit y a su esposa Sitwerut.

LA PIRÁMIDE DE AMENEMHAT II, O PIRÁMIDE BLANCA

Situada aproximadamente un kilómetro y medio al sur de la pirámide anterior, la pirámide de Amenemhat II, el hijo de Sesostris I y tercer faraón de la XII Dinastía, fue construida con caliza, lo que le valió el nombre de pirámide «Blanca». Hoy día quedan de ella poco más que unos restos dispersos. Al oeste de la pirámide, la excavaciones realizadas en 1894-1895 por Jacques de Morgan sacaron a la luz las tumbas de la reina Keminub y la del canciller Amenhotep, junto a las de las princesas Itaweret, Sithathormerit, Ita y Khnemet. Estas dos últimas tumbas estaban intactas y contenían un suntuoso ajuar funerario, actualmente expuesto en el Museo de El Cairo.

> *Nombre antiguo:* «Amenemhat es poderoso»
> *Altura original:* Sin determinar
> *Lado de la base:* 50 metros, aprox.
> *Ángulo:* Sin determinar

A. La momia encontrada en la tumba de la princesa Khnemet, descubierta por De Morgan en 1894 en el lado occidental del complejo de Amenemhat II, estaba adornada con dos coronas de oro decoradas con piedras semipreciosas y pasta vítrea (Museo de El Cairo).

B. Este collar ancho de oro, lapislázuli, piedras semipreciosas y pasta vítrea, con los extremos decorados con una cabeza de halcón, puede que sea el objeto más bello de los encontrados en la tumba de Khnemet (Museo de El Cairo).

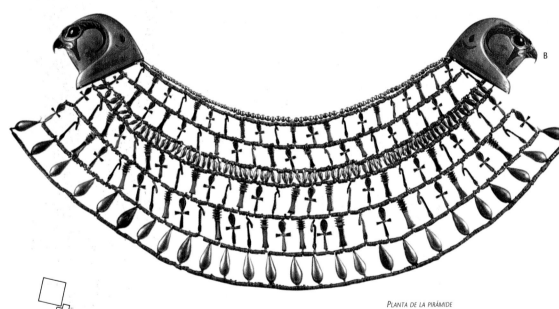

A

B

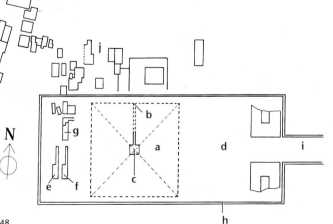

PLANTA DE LA PIRÁMIDE DE AMENEMHAT II
a. *Pirámide de Amenemhat II*
b. *Entrada*
c. *Cámara funeraria*
d. *Restos del templo funerario*
f. *Tumba de Itaweret y Stahathot*
g. *Tumba de Khnemet e Ita*
h. *Muro del recinto*
i. *Rampa*
j. *Mastabas de la III Dinastía*

N

LA PIRÁMIDE DE AMENEMHAT III, O PIRÁMIDE NEGRA

> *Nombre antiguo:* Desconocido
> *Altura original:* 81,5 metros
> *Lado de la base:* 105 metros
> *Ángulo:* 57E15'50"

C

La pirámide de Amenemhat III, el hijo de Sesostris III, se conoce vulgarmente como la pirámide Negra, debido a que fue construida con materiales oscuros, como ladrillos de adobe y basalto. Su masa oscura e irregular se yergue a unos 30 metros de alto y destaca de un modo único sobre el horizonte.

La pirámide, excavada en 1894-1895 por Jacques de Morgan, quien también encontró el *piramidión*, actualmente expuesto en el Museo de El Cairo, posee unas complejas habitaciones funerarias

D

E

que contienen un gran sarcófago de granito rojo, con la entrada en la esquina sureste.

Frente a la cara norte de la pirámide se encontraron doce pozos funerarios, que fueron utilizados para la familia real. El rey Hor-Auibra, famoso por la maravillosa estatua de madera que representa a su *ka*, actualmente en el Museo de El Cairo, fue enterrado en uno de estos pozos.

La pirámide nunca fue utilizada como sepultura real, puesto que Amenemhat III se hizo construir una segunda pirámide en Hawara, en la zona de el-Fayum, en donde fue enterrado[36].

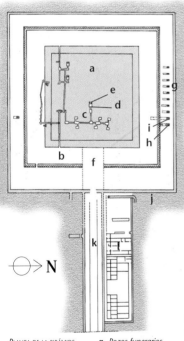

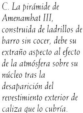

⊕→ N

PLANTA DE LA PIRÁMIDE
DE AMENEMHAT III
a. Pirámide de
   Amenemhat III
b. Entrada
c. Habitaciones
   funerarias
d. Cámara funeraria
   de Amenemhat III
e. Sarcófago
f. Restos del templo
   funerario

g. Pozos funerarios
   para las reinas y
   familia real
h. Pozo funerario del
   rey Hor-Auibra
i. Tumba de la
   princesa Nubhotep
j. Muro del recinto
k. Rampa procesional
l. Restos del edificio
   residencial para el
   personal del templo

C. La pirámide de
Amenemhat III,
construida de ladrillos de
barro sin cocer, debe su
extraño aspecto al efecto
de la atmósfera sobre su
núcleo tras la
desaparición del
revestimiento exterior de
caliza que lo cubría.

D. Al igual que Esnefru,
Amenemhat III (en la
fotografía), construyó dos
pirámides: la primera en
Dashur y la segunda en

Hawara, en el-Fayum,
donde fue enterrado.

E. Esta estatua de
madera, que representa
el ka de Hor-Auibra, el
tercer monarca de la
XIII Dinastía, fue
encontrada en uno de
los doce pozos
funerarios descubiertos
por De Morgan en
1894-1895 en la cara
norte de la pirámide de
Amenemhat III (Museo
de El Cairo).

LAS PIRÁMIDES DE MAZGHUNA

A unos 4 kilómetros al sur de Dashur se encuentran los restos de dos pequeñas pirámides del Reino Medio construidas con adobes. Se conocen como las pirámides de Mazghuna, nombre que reciben del poblado cercano.

Es posible que pertenezcan a los dos últimos soberanos de la XII Dinastía, Amenemhat IV y la reina Sobekneferu.

LAS PIRÁMIDES DE EL-LISHT

A. Este grupo de estatuillas, que representan de forma muy realista a tres pigmeos, fue encontrado en el-Lisht. Utilizando un sistema de cuerdas, las estatuillas podían girar, imitando una danza (Museo de El Cairo).

Hoy día, Lisht es un pequeño poblado a medio camino entre Sakkara y Meidum, unos 60 kilómetros al sur de El Cairo. A finales del Primer Período Intermedio, Menfis fue obligada a renunciar a su papel como capital del país en favor de Tebas. Comenzó entonces el Reino Medio con la XI Dinastía, cuyos faraones no construyeron pirámides. Los faraones de la XII Dinastía sí lo hicieron. Cuando el primero de la dinastía, Amenemhat I, se sentó en el trono, de nuevo trasladó la capital al norte, a una ciudad llamada Ititawy, «La que se hace con las Dos Tierras». Situada entre Menfis y el-Fayum, su necrópolis estaba localizada en la actual el-Lisht. Aprovechando la cercanía de Menfis, a menos de 30 kilómetros de

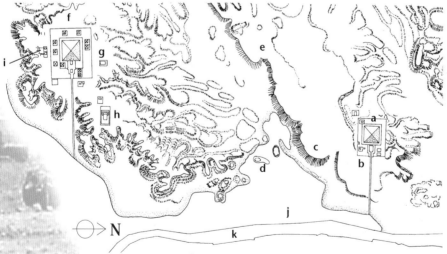

B. Los primeros dos reyes de la XII Dinastía, Amenemhat I y Sesostris I, fundaron una nueva capital llamada Ititawy, situada entre Menfis y el-Fayum. Construyeron sus pirámides cerca, en el lugar conocido actualmente como el-Lisht. En la foto, la pirámide de Amenemhat destaca entre las palmeras.

distancia, Amenemhat I reutilizó los bloques de edificios antiguos para construir la nueva capital, que lo fue durante tres siglos, hasta el Segundo Período Intermedio.

La necrópolis de el-Lisht fue explorada entre 1894 y 1895 por una expedición del Instituto Francés de Arqueología Oriental. Las excavaciones continúan en la actualidad, gracias a la labor del Museo Metropolitano de Nueva York.

Los trabajos arqueológico sacaron a la luz los restos de dos pirámides y sus edificios anejos. Datan de los reinados de Amenemhat I y Sesostris I. También se ha encontrado un buen número de mastabas privadas de altos dignatarios del Reino Medio. Resulta evidente que, al trasladar la capital desde Tebas hasta Menfis, los dos primeros soberanos de la XII Dinastía se inspiraron en las tradiciones del Reino Antiguo, restaurando la pirámide como tumba real.

PLANO DE LA NECRÓPOLIS DE EL-LISHT
a. Pirámide de Amenemaht I
b. Cementerio musulmán
c. Tumbas del Reino Antiguo
d. Tumbas grecorromanas
e. Casa de la misión arqueológica

f. Pirámide de Sesostris I
g. Mastaba septentrional
h. Mastaba de Senusret-ankh
i. Mastaba meridional
j. Poblado de el-Lisht
k. Canal

LA PIRÁMIDE DE AMENEMHAT I
(EL-LISHT NORTE)

Nombre antiguo: «Amenemhat es
elevado a la perfección»
Altura original: 55 metros
Lado de la base: 78,5 metros
Ángulo: 54E27'44"

La pirámide de Amenemhat I fue
construida en un pequeño saliente, con
los edificios anejos, el templo funerario
y la rampa procesional situados a
diferentes niveles.

Γ La pirámide no sólo fue construida
de adobe, sino también con materiales
de otras estructuras más antiguas. El
templo funerario, situado en la cara
este, fue construido en una segunda
terraza menos elevada que la de la
pirámide, mientras que en el lado
oeste, por fuera del muro del recinto
que rodea el complejo funerario, hay
un grupo de tumbas de los miembros
de la familia real.

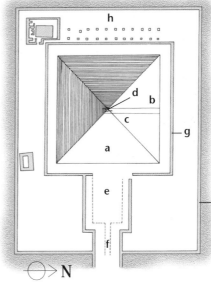

PLANTA DE LA PIRÁMIDE
DE AMENEMHAT I
a. *Pirámide de*
   Amenemhat I
b. *Entrada*
c. *Corredor*
d. *Cámara funeraria*
e. *Templo funerario*
f. *Rampa*
g. *Muro del recinto*
   interno
h. *Tumbas de*
   princesas
i. *Muro del recinto*
   exterior

La entrada a las habitaciones
funerarias, que nunca han sido
estudiadas en profundidad, está situada
en la cara norte, donde comienza un
corredor revestido de granito que
conduce a la cámara funeraria. Al igual
que con la pirámide de Teti en Sakkara,
el corredor estaba precedido por una
pequeña capilla.

C y D. La pirámide de
Amenemhat I se
encuentra situada en la
pare norte del
yacimiento de el-Lisht.
En la actualidad tiene
poco más de 20 metros
de altura. El templo
funerario, situado en la
cara este, está casi por
completo destruido.

E. Este busto de mujer
fue encontrado en la
zona de la pirámide de
Amenemhat I, durante
las excavaciones
realizadas por el Museo
Metropolitano de
Nueva York en 1908.

Probablemente se trate
del retrato de una
princesa o de una mujer
de la corte. Está
esculpida con gran
habilidad, utilizando
dos tipos diferentes de
madera.

LA PIRÁMIDE DE SESOSTRIS I
(EL-LISHT SUR)

Nombre antiguo: «Sesostris es el más
favorecido de los lugares»
Altura original: 61 metros
Lado de la base: 105 metros
Ángulo: 49E23'55"

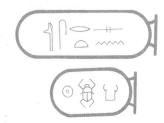

*A. Esta estatuilla,
encontrada en la tumba
de un particular en el-
Lisht, situada cerca de la
pirámide de Sesostris I,
representa a este faraón
tocado con la corona
blanca del Alto Egipto
(Museo de El Cairo).*

A

*PLANTA DE LA PIRÁMIDE
DE SESOSTRIS I*
a. *Pirámide de Sesostris I*
b. *Entrada*
c. *Cámara funeraria*
d. *Templo funerario*
e. *Pirámide satélite*
f. *Muro del recinto
    interior*
g. *Patio*
h. *Rampa procesional*
i. *Pirámides secundarias
    utilizadas para los
    miembros femeninos
    de la familia real.*
j. *Muro del recinto
    exterior*
k. *Pirámide de la reina
    Nefru, esposa de
    Sesostris*

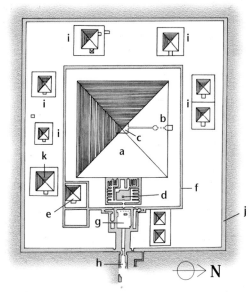

*B y D. La pirámide de
Sesostris I, o pirámide
sur de el-Lisht, cuenta
con una innovación
arquitectónica que
también se utilizará en
pirámides posteriores:
su estructura está
dividida en
compartimentos gracias
a una serie de muros
construidos con
sillares de piedra y
dispuestos de forma
radial, con los
intersticios rellenos de
roca y arena.*

C

D

E

C. El templo funerario
de Sesostris I se
encuentra en muchas
mejores condiciones que
el de Amenemhat I.
Posee una planta
similar a la de los
templos funerarios de la
VI Dinastía, en los que
es innegable que se
basó.

La pirámide de Sesostris I, conocida también como la pirámide sur de el-Lisht, se encuentra situada 1,6 kilómetros al sur de la anterior, es más interesante y está mejor conservada que aquélla.

El monumento, descubierto en 1882 por Gaston Maspero, fue excavado por J. E. Galtier y Gustave Jéquier en 1894 y luego por la expedición del Museo Metropolitano de Nueva York entre 1908 y 1934. Fue construido utilizando una técnica que sería usada posteriormente en las pirámides de el-Lahun y el-Fayum: primero se construyeron unos muros con grandes bloques de piedra caliza irradiando de un núcleo central; luego, los espacios creados entre ellos se rellenaron con adobes y, por último, la estructura fue recubierta con una capa de caliza de Tura.

La pirámide estaba rodeada por un doble muro de recinto, que delimitaba una zona rectangular en donde se encontraron nueve pirámides subsidiarias destinadas a dignatarios y miembros de la familia real.

En el lado este de la pirámide, donde también hay una pirámide satélite, las excavaciones de Galtier y Jéquier revelaron las ruinas del templo funerario, que posee una estructura similar a la de los construidos durante la VI Dinastía, además de los restos de un patio porticado con 24 columnas. Aquí se encontraron enterradas diez estatuas de caliza de tamaño natural, que representan al rey sentado. Actualmente se encuentran expuestas en el Museo de El Cairo.

La rampa procesional nace en la parte este del muro del recinto. Todavía es visible en la actualidad, flanqueada por muros decorados con bajorrelieves de un estilo similar a los de la pirámide de Unas en Sakkara. Lleva hasta el templo del valle, que todavía no ha sido localizado.

Cerca de la pirámide se encontraron varias mastabas, la más importante de las cuales es la de Senusretankh, «gran sacerdote de Ptah», situada unos 200 metros al este del muro del recinto exterior, con una cámara funeraria decorada con Textos de las pirámides.

E. Durante las
excavaciones llevadas
a cabo en 1894 por el
Instituto Francés de
Arqueología Oriental
en la zona del templo
funerario de Sesostris I,
se encontraron diez
grandes estatuas a
tamaño natural del
faraón, actualmente
expuestas en el Museo
de El Cairo.

MEIDUM

La zona arqueológica de Meidum se encuentra unos 50 kilómetros al sur de Dashur y a unos pocos de la región el-Fayum. Aquí, en un emplazamiento completamente aislado al borde del desierto y la zona cultivada, se encuentra una pirámide que actualmente tiene forma de torre, acompañada de una gran necrópolis privada.

LA PIRÁMIDE DE MEIDUM

Nombre antiguo: «La pirámide estable»
Altura original: 93,5 metros
Lado de la base: 147 metros
Ángulo: 51E50'35"

Se suele considerar que fue Huni, el último rey de la III Dinastía y el sucesor de Djoser tras los breves reinados de Sekhemkhet y Khaba, quien construyó una pirámide escalonada en Meidum similar a la de Djoser en Sakkara. Posteriormente fue revestida de tal manera que pareciera una pirámide verdadera; no obstante, los árabes continúan llamándola *el-haram el-kaddab*, «la pirámide falsa».

De hecho, el nombre de Huni no ha aparecido en el monumento y, lo que es más, varios grafitos del Reino Nuevo encontrados en el pequeño templo funerario, mencionan a su hijo Esnefru, el fundador de la IV Dinastía y constructor de dos pirámides en Dashur, como el dueño del monumento. Esta evidencia escrita demuestra claramente que los egipcios del Reino Nuevo consideraban a Esnefru como el constructor de la pirámide, que su padre Huni se habría limitado a empezar. En cualquier caso, parece que fue Esnefru el único responsable del relleno de los escalones y su transformación externa en pirámide de caras lisas. De hecho, las

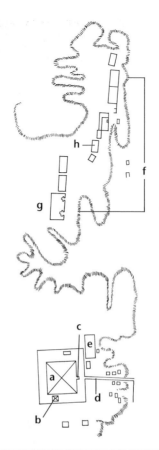

PLANO GENERAL DEL
YACIMIENTO DE MEIDUM
a. Pirámide de Huni
b. Restos de la
   pirámide satélite
c. Capilla de ofrenda
d. Rampa procesional
e. Mastaba nº 17
f. Necrópolis de la IV
   Dinastía
g. Mastaba de Nefer-
   maat
h. Mastaba de
   Rahotep

N

A

B

A. En Meidum, unos 20 kilómetros al sur de el-Lisht, en la arena del desierto al borde de la llanura aluvial del Nilo, rodeada de canales de irrigación, se encuentra una extraña y misteriosa pirámide con forma de torre cuadrangular. Por lo general se considera que se trata de los restos de la pirámide de Huni, el último rey de la III Dinastía, transformada posteriormente en pirámide de caras lisas por Esenfru, el primer rey de la IV Dinastía.

B. La pirámide de Meidum, a la cual los viajeros del siglo XIX conocían por su nombre árabe de el-haram el-kaddab, la «pirámide falsa», se considera un punto de transición entre las pirámides escalonadas y las pirámides verdaderas. La gran novedad que incluye es la posición de la cámara funeraria, que por primera vez se incorpora al cuerpo de la pirámide y no está situada al fondo de un pozo excavado en la roca y cubierto por la pirámide.

C y D. Según una teoría, el recubrimiento exterior de la pirámide se derrumbó debido a su falta de cohesión con las capas inferiores, causando así un colapso parcial que dejó su núcleo central al descubierto. De hecho, no existen pruebas que demuestren esta teoría e investigaciones más recientes parecen llegar a la conclusión de que sencillamente la pirámide nunca fue completada. En la cara este hay una capilla para ofrendas, seguida por una rampa procesional (derecha).

diferentes técnicas utilizadas para la construcción del núcleo central y para el relleno de los escalones, además de los grafitos encontrados por el egiptólogo inglés William M. Flinders Petrie en varios de los bloques y fechados en el año 17° de Esnefru, señalarían una cierta distancia temporal entre ambas etapas de la construcción.

Aunque Mariette fue el primero en penetrar en la pirámide, en 1881, la primera excavación sistemática de la zona de Meidum fue realizada por Petrie entre 1888 y 1891. Encontró varias estructuras, como la rampa procesional y el templo funerario, que posteriormente caracterizará a las pirámides de la IV Dinastía.

La rampa procesional, orientada de este a oeste, desciende hacia la llanura cultivada, donde desaparece; el templo bajo no ha sido encontrado todavía. En el lado oriental de la pirámide hay una capilla para ofrendas: una forma temprana de templo funerario, con una estructura mucho más sencilla, que incluye dos habitaciones consecutivas que llevan a un pequeño patio con dos grandes estelas que flanquean un altar central.

En la cara norte de la pirámide, a una altura de 18,5 metros, se encuentra el acceso al corredor descendente, de 1,55 metros de alto, que conduce hasta la cámara funeraria, con un techo en falsa bóveda similar a los de las pirámides de Dashur, en la que no se ha encontrado ningún indicio de sarcófago. Meidum es la primera pirámide en la que la cámara funeraria se encuentra dentro del núcleo del edificio y no debajo de él, al fondo de un pozo cubierto por la superestructura, como sucede en las mastabas. Además, en la cara sur, en el espacio entre el muro del recinto y la pirámide, aparece un nuevo elemento: la pirámide satélite.

Las investigaciones han demostrado que la pirámide de Meidum fue construida en tres etapas: la pirámide

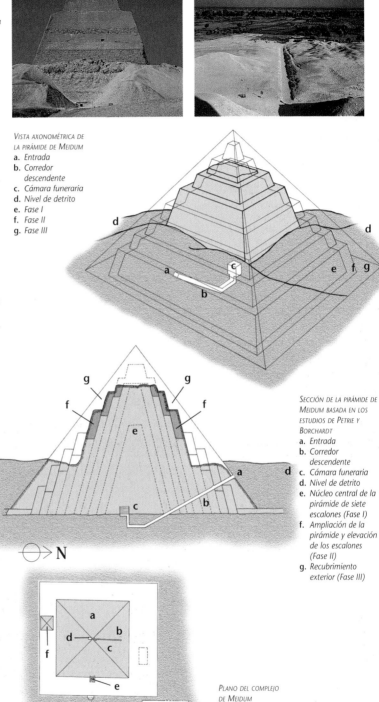

VISTA AXONOMÉTRICA DE LA PIRÁMIDE DE MEIDUM
a. Entrada
b. Corredor descendente
c. Cámara funeraria
d. Nivel de detrito
e. Fase I
f. Fase II
g. Fase III

SECCIÓN DE LA PIRÁMIDE DE MEIDUM BASADA EN LOS ESTUDIOS DE PETRIE Y BORCHARDT
a. Entrada
b. Corredor descendente
c. Cámara funeraria
d. Nivel de detrito
e. Núcleo central de la pirámide de siete escalones (Fase I)
f. Ampliación de la pirámide y elevación de los escalones (Fase II)
g. Recubrimiento exterior (Fase III)

PLANO DEL COMPLEJO DE MEIDUM
a. Pirámide
b. Entrada
c. Corredor descendente
d. Cámara funeraria
e. Capilla de ofrendas
f. Restos de la pirámide satélite
g. Rampa procesional

N

inicial, que constaba de siete escalones (Fase I), que fueron luego aumentados hasta probablemente ocho escalones, al tiempo que se añadía un revestimiento nuevo (fase II). Luego, durante la última fase, que probablemente tuvo lugar en el reinado de Esnefru, el espacio entre un escalón y el otro fue rellenado, incluyéndose un revestimiento final de bloques de caliza, que dio la impresión de que se trataba de una pirámide verdadera de caras lisas. La construcción de la capilla de ofrendas en la cara este de la pirámide parece datar de esta fase.

La transición entre estas dos formas arquitectónicas probablemente refleje un desarrollo de los conceptos teológicos del período. Mientras que la pirámide escalonada refleja simbólicamente una escalera que el alma del rey puede utilizar para ascender al cielo, con la pirámide verdadera la ascensión tiene lugar por las paredes lisas del edificio, que materializan la forma pura de los protectores rayos del dios sol Ra, con quien va a reunirse el alma del faraón.

Existe una teoría que supone que el cambio ordenado por Esnefru no tuvo éxito, pues el revestimiento exterior de la pirámide se derrumbó sobre los niveles inferiores, dándole a la pirámide su aspecto actual de torre. Se ha sugerido que ello tuvo lugar durante la construcción de la pirámide escalonada, pero parece poco probable. De hecho la presencia en la zona de una amplia necrópolis de la IV Dinastía, así como los grafitos dejados por los visitantes del Reino Nuevo, nos llevan a pensar que el

A

B

A. La cámara funeraria, de 5,60 metros de alto, tiene una falsa bóveda, construida según una nueva técnica que sería perfeccionada en las pirámides de Esnefru en Dashur. Mariette fue el primero en penetrar en la pirámide en 1881.

B. La pequeña capilla de ofrendas, descubierta por Petrie en 1891, en la cara este, es considerada como la antecesora del templo funerario.

C

D

C. Las imponentes formas de la anónima Mastaba 17, de ladrillos de barro sin cocer, puede verse a una docena de metros al noreste de la pirámide. La mastaba fue explorada por Petrie en 1917.

D. La capilla consiste en un altar central flanqueado por dos grandes estelas monolíticas, precedidas por dos pequeñas habitaciones.

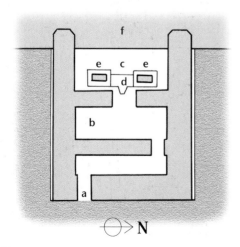

PLANTA DE LA CAPILLA DE OFRENDAS
a. *Entrada*
b. *Vestíbulo*
c. *Patio*
d. *Altar de ofrendas*
e. *Estelas monolíticas*
f. *Pirámide*

supuesto desastre arquitectónico ocurrió en una fecha posterior. Recientemente se ha sugerido que la capa exterior de material de relleno nunca se derrumbó y que lo que sucede es que la pirámide de Meidum nunca llegó a completarse. Según esta teoría, la acumulación de detritos que todavía la rodean se debe sólo al desmantelamiento de las rampas de construcción [37].

E

Bastante cerca de la cara este de la pirámide, en la esquina norte, hay una enorme mastaba anónima de ladrillos de barro sin cocer, que fue explorada en 1917 por William Flinders Petrie, quien la llamó mastaba nº 17. En su interior se encontró un sarcófago con una momia, pero sin inscripciones. Unos 600 metros al norte de la pirámide hay una gran necrópolis para princesas y dignatarios de la IV Dinastía de la época del reinado de Esnefru. En ella se han encontrado algunas tumbas suntuosamente decoradas.

En la capilla de la mastaba 116, perteneciente al príncipe Nefer-Maat (probablemente hijo de Esnefru) y su esposa Itet, excavada por Mariette en 1871, se encontró un friso de aves que ha conseguido justa fama. Conocido como *Las ocas de Meidum*, es una de las obras maestras del arte del Reino Antiguo, expuesta actualmente en el Museo de El Cairo. En 1892, en la misma tumba,

F

F. Una de las más importantes mastabas de particulares de la necrópolis situada al norte de la pirámide de Meidum pertenece al príncipe Nefer-Maat (probablemente hijo de Esnefru) y su esposa Itet [38].

G

E y G. En la mastaba de Nefermaat se realizaron dos importantes descubrimientos: en 1871, Mariette encontró el famoso friso de un grupo de ocas (E), mientras que en 1892 Petrie halló dos escenas (G) de animales y caza que utilizaban una nueva técnica, consistente en el uso de incrustaciones de pasta de color; esta técnica fue abandonada poco después (Museo de El Cairo).

H

I

Petrie encontró dos bajorrelieves en color que representaban pequeños animales y escenas de caza. Utilizaban una técnica nueva, la aplicación de pastas de color en las figuras excavadas en la pared; una técnica abandonada después por su fragilidad. La mastaba del príncipe Rahotep (probablemente hijo de Esnefru) y su esposa Nofret, contenía dos espléndidas estatuas de caliza coloreada que representaban a los difuntos, expuestas en el Museo de El Cairo.

H e I. La mastaba del príncipe del Rahotep está decorada en fachada de palacio. Fue aquí donde Mariette encontró las dos famosas estatuas de caliza pintada de Rahotep y su esposa Nofret, actualmente expuestas en el Museo de El Cairo (derecha).

LAS PIRÁMIDES DE EL-FAYUM

A

B

C

C. El-Fayum, una vasta región de lujuriante vegetación situada directamente al sur del lago Qarum, fue extremadamente importante durante el Reino Medio, cuando la capital de Egipto fue transferida a el-Lisht. Los monarcas del Reino Medio intentaron regular el sistema hidráulico de la zona, que recibe agua del Nilo por medio de un gran canal llamado Bahr Yussef, para lo cual realizaron grandes trabajos.

A y B. Amenemhat III construyó un gran complejo en el-Fayum, en Medinet Madi, dedicado a las dos principales deidades de la región: el dios cocodrilo Sobek y la diosa cobra Renenutet. Posteriormente, el templo fue ampliado durante la época ptolemaica, cuando en la zona pareció una importante ciudad llamada Narmuthis; al templo se le añadieron varias estructuras, incluido un dromos rodeado por esfinges con cabezas de león.

El-Fayum, a menudo llamado de forma equivocada oasis, es un fértil zona verde que consiste en una depresión geológica ligeramente circular conectada con el Nilo mediante el Bahr Yussef, el «canal de José», y cuya zona noroeste está ocupada por el lago Qarun (el lago Moeris para los autores de la Antigüedad).

El nombre copto de la zona, Peiom, dio lugar al nombre Fayum. Los antiguos egipcios llamaron a esta región She-resi, «el lago meridional», o Merwer, «el gran lago». En esa época era una amplia marisma repleta de animales y lujuriante vegetación.

Durante el Reino Medio, el-Fayum se volvió bastante importante, cuando la capital del país fue trasladada cerca de el-Lisht y se eligió como necrópolis de dos importantes soberanos de la XII Dinastía, Sesostris II y Amenemhat III. Durante el reinado de estos dos faraones se construyó un sistema de presas para regular la crecida de las

aguas del Nilo en la región y mejorar así el sistema de irrigación de las cosechas.

Aunque las pirámide de el-Lahun y Hawara son de largo las más importantes de la zona de el-Fayum, no son ni mucho menos las únicas. En la zona de Seila también hay una pequeña pirámide que no se conoce demasiado y que nunca ha sido estudiada en profundidad. Puede que fuera construida durante la III Dinastía[39].

D

D. Los restos de las dos grandes bases que originalmente soportaron dos colosos de Amenemhat III, localizados en Biahmu, al norte de la ciudad de Medinet el-Fayum, cerca de una gran presa, atestiguan los esfuerzos realizados en el Reino Medio para controlar la hidrología de El-Fayum.

LA PIRÁMIDE DE EL-LAHUN

Nombre antiguo: «Sesostris brilla»
Altura original: 48 metros
Lado de la base: 106 metros
Ángulo: 42E35'

Sesostris II, el sucesor de Amenemhat II y cuarto faraón de la XII Dinastía, quiso construir su pirámide en el-Lahun, cerca del punto en donde el Bahr Yussuf penetra en el-Fayum, a unos kilómetros de Kom Medinet Ghurab, un asentamiento que consiguió cierta importancia durante la XVIII y la XIX Dinastías. El nombre parece derivar del egipcio *ro-hent*, «entrada del canal», que en copto se convirtió en *lehoné*.

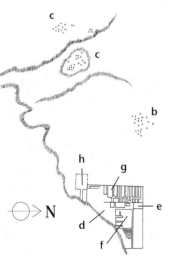

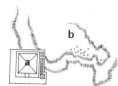

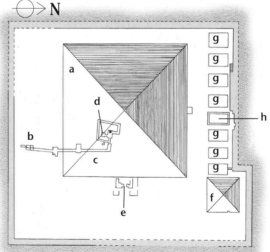

E. *La pirámide de el-Lahun fue construida utilizando la nueva técnica a base de muros de caliza dispuestos de forma radial, con las cámara creadas entre ellos rellenas de ladrillos de adobe. Esta técnica fue utilizada por primera vez en la pirámide de Sesostris I en el-Lisht.*

F. *La entrada a las habitaciones funerarias se encontraba en la cara sur y probablemente fue trasladada para hacerla más difícil de encontrar a cualquier potencial ladrón.*

La pirámide fue construida en una pequeña colina de 12 metros de altura, utilizando una técnica que implicaba la preparación de grandes bloques de caliza colocados de forma radial, con los espacios creados entre ellos rellenos con ladrillos de adobe y luego todo el conjunto recubierto con bloques de caliza.

El acceso a las habitaciones funerarias se realizaba desde la zona oriental de la cara sur, mediante dos pozos. En la cámara funeraria se encontró un sarcófago rojo, que está construido por completo de granito.

Frente a la cara sur se excavaron tumbas-pozo, incluida la de la princesa Sithathoriunet, la hija de Sesostris II, donde Petrie, que excavó la zona, encontró un rico ajuar funerario conocido como el tesoro de el-Lahun. Frente a la cara norte de la pirámide, situadas en una fila paralela a ella, hay una serie de mastabas.

PLANO DEL YACIMIENTO DE EL-LAHUN
a. *Pirámide de Sesostris II*
b. *Necrópolis*
c. *Tumbas subterráneas*
d. *Restos de la ciudad de Hetep-Senusret (Lahun)*
e. *Acrópolis*
f. *Distrito oriental*
g. *Distrito occidental*
h. *Restos del templo bajo*

PLANTA DE LA PIRÁMIDE DE SESOSTRIS II
a. *Pirámide de Sesostris II*
b. *Entrada*
c. *Corredor*
d. *Cámara funeraria*
e. *Restos de una capilla de ofrendas*
f. *Pirámide secundaria*
g. *Mastabas*
h. *Tumba de Sithathor*

A

A. Junto a la cara norte de la pirámide se puede ver una fila de mastabas. Fueron destinadas a los miembros de la familia real. En la esquina noreste del patio se encuentran los restos de una pirámide secundaria.

B. Las estructuras arquitectónicas de la acrópolis están mucho mejor conservadas que las de los distritos inferiores. En esta parte de la ciudad, en donde puede que se encontrara la residencia real, las casas son largas, con patios centrales y muchas habitaciones.

B

C. Vista general del asentamiento de Kahun, con la acrópolis al fondo. La ciudad era sobre todo la residencia de los sacerdotes y el personas administrativo empleado en el servicio de la pirámide.

C

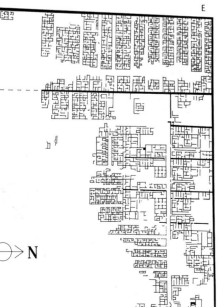

D

D. En las habitaciones funerarias de la pirámide, Petrie encontró este uraeus, la cobra sagrada, con cabeza de lapislázuli e incrustaciones de amazonita y cornalina. Es probable que esta joya adornara la corona o peluca del rey (Museo de El Cairo).

El templo del valle fue descubierto al este de la pirámide, a una distancia de un kilómetro, cerca de los restos de una ciudad que Petrie llamó Kahun. Se trata de una de las tres única ciudades antiguas conocidas en Egipto. La excavación de esta ciudad, que en la Antigüedad era conocida como Hetep-Senuseret o «Sesostris está satisfecho», ha sido reemprendida de nuevo hace poco por una expedición del Royal Ontario Museum dirigida por N. B. Miller, que ha descubierto un área de clase trabajadora con casas pequeñas y de tamaño mediano, una zona residencial con casas y patios más grandes, y una parte superior que forma una especie de acrópolis. Es indudable que esta ciudad, en la que se encontró una miríada de papiros escritos en hierático, estaba relacionada con la pirámide, y puede ser considerado como el único ejemplo que se conserva de lo que se conoce como «ciudad de la pirámide».

F. En 1914, Petrie encontró tumbas-pozo en la cara sur, incluida la de Sithathoriunet, una de las esposas de Sesostris II, cuyo ajuar funerario incluía muchas joyas, como esta corona de oro decorada con un uraeus, dos plumas y tres bandas dobles, así como una serie de rosetones en la banda de la cabeza.

F

E

E. Plano de Kahun, uno de los extremadamente raros ejemplos de ciudades del antiguo Egipto que conservamos. Las excavaciones han encontrado la acrópolis, un distrito residencial y un distrito de clase trabajadora (según Petrie).

⊕→ N

LA PIRÁMIDE DE HAWARA

Nombre antiguo: Incierto
Altura original: 58 metros
Lado de la base: 100 metros
Ángulo: 48E45'

Hawara se encuentra unos ocho kilómetros al sureste de Medinet el-Fayum, la actual capital de la región de el-Fayum. Fue aquí donde Amenemhat III, tras abandonar su plan de ser enterrado en su pirámide de Dashur, construyó una segunda pirámide de ladrillos de barro sin cocer, recubierta originalmente por una capa de caliza de calidad. De casi 60 metros de altura, puede ser considerada como la última gran pirámide construida en Egipto.

En las habitaciones funerarias, a las que ya no es posible acceder porque están inundadas por la subida de la capa freática y un canal cercano, Petrie, quien exploró la pirámide en 1888-1889, encontró un sarcófago real de cuarcita y otro similar, pero de menor tamaño, que no ha sido identificado positivamente.

H. Vista axonométrica de las habitaciones funerarias de la pirámide de Hawara, según los hallazgos de Flinders Petrie.

ESTRUCTURA ARQUITECTÓNICA DE LA CÁMARA FUNERARIA
a. Bóveda de 90 centímetros de grueso de ladrillos de adobe
b. Bóveda a dos aguas a base de losas de caliza
c. Cámara de descarga superior
d. Cámara de descarga inferior
e. Techo de la cámara funeraria, formado por tres grandes losas de cuarcita
f. Sarcófago

G. La pirámide de Hawara fue la segunda pirámide construida por Amenemhat III y sólo la supera en tamaño, entre las del Reino Medio, la de Dashur. Fue la última gran pirámide construida en Egipto. Las habitaciones funerarias, hoy día inaccesibles debido a la subida de la capa freática y al agua de un canal cercano, fueron excavadas por Petrie en 1888-1889 y contienen el sarcófago del rey.

PLANO DEL COMPLEJO DE HAWARA (SEGÚN STADELMANN)
a. Pirámide
b. Entrada
c. Corredor
d. Cámara funeraria
e. Capilla norte

f. Restos del templo funerario, conocido como el Laberinto. El templo funerario situado junto a la cara este de la pirámide de Hawara ocupaba una superficie de 60.000 m² y, según Heródoto,

contaba con un millar de habitaciones. Los griegos llamaban a este edificio el Laberinto, un nombre que es una corrupción de Nimaatra, el nombre de coronación de Amenemhat III.

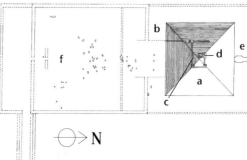

161

A

B

A y C. La pirámide de Amenemhat III en Hawara, unos 10 kilómetros al noroeste de la de Sesostris II en el-Lahun, se encuentra situada más profundamente dentro de el-Fayum, una región en la que el monarca quería incrementar su influencia. Amenemhat, que reinó durante más de 40 años, es famoso no sólo por sus trabajos hidráulicos, sino también por su arquitectura, debido al tamaño y complejidad del templo anejo a su pirámide; los historiadores griegos lo llamaban el Laberinto.

En la cara sur de la pirámide había un amplio templo funerario, hoy día reducido a una masa informe de montículos de barro de los cuales emergen ocasionalmente los mal conservados restos de las antiguas estructuras. Este templo, mencionado por Heródoto (*Historias*, II, 148), Estrabón (*Geografía*, XVII, 1, 37) y Plinio (*Hist. Nat.*, 19), ocupaba una superficie de 60.000 m^2 y poseía una estructura poco habitual consistente en series de habitaciones independientes dispuestas en tres o cuatro filas, conectadas mediante un complejo sistema de corredores. Heródoto también afirma que contenía 3.000 habitaciones en dos niveles. Los griegos le dieron a este edificio el nombre de Laberinto, que según una teoría es una corrupción de Nimaatra (el nombre de coronación de Amenemhat III), que se transformó en Lamares o Labares. Al norte de la pirámide hay una vasta necrópolis en la que, en 1888, Petrie encontró los célebres retratos de el-Fayum. Se trata de pinturas de la época romana realizadas mediante la técnica del incausto. Se añadían al sarcófago de la momia y reproducen los rasgos del difunto.

La tumba intacta de la princesa Neferuptah, una hija de Amenemhat III, fue encontrada en 1965 a unos dos kilómetros al sur de la pirámide. El ajuar funerario que se encontró entonces se expone en el Museo de El Cairo.

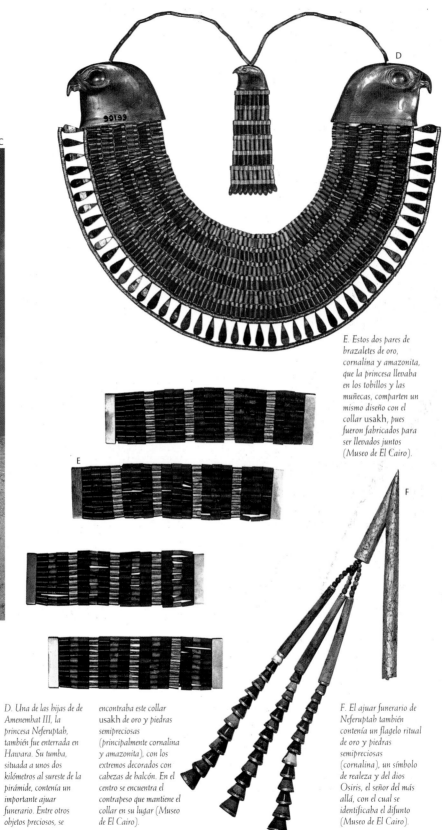

C

E

E. Estos dos pares de
brazaletes de oro,
cornalina y amazonita,
que la princesa llevaba
en los tobillos y las
muñecas, comparten un
mismo diseño con el
collar usakh, pues
fueron fabricados para
ser llevados juntos
(Museo de El Cairo).

F

La entrada al corredor
que conduce a las
habitaciones funerarias
(hoy día inaccesibles) se
encuentra situada en la
cara sur de la pirámide y
desplazada hacia el oeste
respecto al eje central. La
misma solución
arquitectónica fue
utilizada primero por
Sesostris II en el-Lahun.
En la cámara funeraria
Petrie encontró un enorme
sarcófago de cuarcita que
pesa más de 100
toneladas.

D. Una de las hijas de de
Amenemhat III, la
princesa Neferuptah,
también fue enterrada en
Hawara. Su tumba,
situada a unos dos
kilómetros al sureste de la
pirámide, contenía un
importante ajuar
funerario. Entre otros
objetos preciosos, se

encontraba este collar
usakh de oro y piedras
semipreciosas
(principalmente cornalina
y amazonita), con los
extremos decorados con
cabezas de balcón. En el
centro se encuentra el
contrapeso que mantiene el
collar en su lugar (Museo
de El Cairo).

F. El ajuar funerario de
Neferuptah también
contenía un flagelo ritual
de oro y piedras
semipreciosas
(cornalina), un símbolo
de realeza y del dios
Osiris, el señor del más
allá, con el cual se
identificaba el difunto
(Museo de El Cairo).

163

NOTAS DEL TRADUCTOR

[1] Cuando el lector encuentre una palabra o nombre egipcio con el dígrafo «KH», ha de tener en cuenta que se lee como la «J» española, así «Jafre». He preferido mantener la grafía anglosajona y francesa porque ello le permitirá reconocer estos mismos nombres con mayor facilidad si desea profundizar sus conocimientos leyendo literatura científica sobre estas cuestiones, escrita mayormente en francés e inglés.

[2] El motivo es su cercanía a un campamento militar.

[3] El dígrafo «TJ» y el dígrafo «DJ» (que encontraremos más adelante), representan sonidos de la lengua egipcia inexistentes en la española, pero que podrían pronunciarse como esos dos mismos grupos de letras se leen en francés o inglés.

[4] En realidad no lo reemplazó, sino que se sumó a él. De este modo, a partir de la V Dinastía todos los faraones egipcios contaron con una titulatura real compuesta de cinco elementos: el nombre de Horus (escrito en el *serekh*), el nombre de las Dos Señoras (se refiere a las diosas Nekhbet y Wadjet), el nombre de Horus de Oro (un metal que nunca se descompone y del que está hecha la carne de los dioses), el nombre del Junco y la Abeja (escrito dentro de un cartucho, se refiere a la dualidad norte-sur) y el nombre de Hijo de Ra (escrito también dentro de un cartucho, era el nombre de nacimiento del rey y lo relaciona con el dios Sol).

[5] En realidad, el origen de esta corona es la ciudad meridional de Nagada, donde, a finales del siglo XIX, el arqueólogo británico Petrie encontró la más antigua representación conocida de la misma, en un relieve en un fragmento de cerámica.

[6] En realidad, recientes descubrimientos realizados en la tumba de Khasekhemuy en Abydos han demostrado que fue Djoser quien se encargó de enterrar a este soberano y, por lo tanto, fue su sucesor y el primer faraón de la III Dinastía.

[7] Esta idea es completamente errónea, pues a la mastaba se le añadió encima directamente una estructura de cuatro escalones y, posteriormente, de seis escalones en las sucesivas ampliaciones diseñadas por Imhotep. La pirámide de Djoser no es un grupo de seis mastabas decrecientes en tamaño y una encima de la otra, es una estructura escalonada en sí misma.

[8] Véase la nota 6.

[9] En realidad todas las pirámides están construidas con caliza local, es decir, la que se extraía de las canteras cercanas a ellas. Eran canteras que comenzaban a explotarse para servir como fuente de piedra para la tumba del faraón. Sólo el revestimiento exterior era de caliza de Tura, una cantera situada a la altura de Menfis, en la orilla opuesta del Nilo y que produce una caliza de excepcional calidad y blancura. Todas las pirámides, incluidas las de la V Dinastía, tuvieron un revestimiento de este material.

[10] Estudios recientes afirman que Khasekhemuy fue el antecesor directo de Djoser.

[11] En realidad no es tan fantasiosa, pues tanto la pirámide de Khufu, como la de Khafre y la de Djedefre contienen en su interior un afloramiento rocoso perteneciente a la meseta en donde están construidas que ahorró muchos metros cúbicos de piedra a sus constructores. En el caso de la tumba de Djedefre, el volumen que ocupa el afloramiento es el 44 por ciento del volumen total de la pirámide.

[12] Recientes estudios paleopatológicos de esos restos han demostrado que pertenecen a varios individuos diferentes de la época saíta (XXVI Dinastía).

[13] Los ladrillos cocidos sólo comenzaron a utilizarse en Egipto a partir del Tercer Período Intermedio

[14] TT es la abreviatura de Tumba Tebana.

[15] Se han encontrado restos de las mismas en las necrópolis de Guiza y Dahusr.

[16] La rampa descubierta en Guiza consiste en un par de muros exteriores a base de pedazos de *tafla* (arcilla del desierto) mezclados con yeso, con el espacio interior relleno de escombros y arena. La rampa de el-Lisht tiene muros de ladrillo con un relleno de barro y ladrillos, por donde pasaban los bloques reforzada con troncos de madera que, además, servían para facilitar el arrastre de las piedras.

[17] Las semanas egipcias tenían 10 días.

[18] La necrópolis de Abu Rowash se encuentra unos 8 kilómetros más al norte y fue donde se construyó la tumba del hijo y sucesor de Khufu, el farón Djedefre.

[19] El reciente descubrimiento en el desierto occidental de una inscripción de este faraón fechada en el «año posterior al decimotercer recuento del ganado», ha permitido saber que como mínimo reinó 27 años.

[20] Recientemente se han identificado como suyos restos de tres estatuas hasta ahora anónimas. Los rasgos de todas ellas se asemejan a los de esta estatuilla.

[21] En septiembre de 2002 se introdujo en el conducto un nuevo robot, provisto de un taladro, que agujereó la losa de 20 centímetros de lado. Además de provocar la ruptura de la única asa de cobre que permanecía intacta, los trabajos dirigido por Zahi Hawass, permitieron descubrir tras la losa un espacio vacío interrumpido unas decenas de centímetros después por lo que parece una nueva losa. En el conducto norte, no explorado hasta entonces, se encontró una losa con agarraderas de cobre semejante a la primera del conducto sur y aproximadamente a la misma altura.

[22] Reciente interpretaciones sobre este fragmento de estatua parecen negar que se trate de una esfinge.

[23] En realidad, el sucesor de Khafre fue el hijo de Djedefre, cuyo nombre se puede leer Baka o Nebka, quien comenzó a construir su pirámide en Zawiet el-Aryan, si bien no llegó a terminarla. Tras su corto reinado de apenas unos años fue cuando subió al trono Menkaure.

[24] En realidad, parece más probable que Djedefre reinara como mínimo 23 años (un grafito con esa fecha encontrado en la trinchera de la barca de Khufu así parece confirmarlo). Si ello es así, y dadas las escasas dimensiones de su pirámide, apenas algo mayor que la de Menkaure, no parece aventurado asegurar que sí llegó a completarse. Su estado actual se debería entonces al uso intensivo que se le dio como cantera ya desde la época romana. De hecho, Petrie dice que a finales del siglo XIX, 300 camellos cargados de piedra salían diariamente del monumento.

[25] Desde 1995 la pirámide está siendo vuelta a excavar por un equipo suizo-francés dirigido por M. Vallogia. Su trabajo, en curso y todavía sin publicar, ha comenzado ya a proporcionar interesantes resultados, entre ellos el descubrimiento de una pirámide subsidiaria junto a la esquina sureste de la pirámide; en el interior de esta nueva tumba del complejo se encontró, entre otras cosas, un vaso canope con las vísceras de la reina enterrada en él.

[26] En realidad, su nombre aparece escrito en algunos de los bloques de la pirámide. No obstante, debido a la polisemia de algunos jeroglíficos, se puede leer como Baka o Nebka.

[27] Falta en este listado el nombre del faraón Ikauhor Menkauhor, que sustituye a Ra en su nombre por el dios Horus («Hor» en egipcio). su pirámide, aunque citada en los textos, todavía no ha sido localizada.

[28] Realmente no se dejó sin terminar, sino que se decidió transformarla en una gigantesca mastaba cuadrada, identificada con la colina primigenia. De hecho, es así como se refieren a ella algunos documentos encontrados durante la excavación: «La colina».

[29] De hecho, se ha encontrado, por primera vez en una excavación arqueológica moderna y con total garantía cronológica, corroborada tanto por los estratos arqueológicos como por el C$_{14}$, parte de la momia del propio faraón, en especial su mano izquierda, el omóplato del mismo lado y otros restos.

[30] Actualmente se sabe que ésta es una identificación errónea y que en realidad hubo dos reinas llamadas igual. La de Abusir, que no era la hija de Menkaure, se ha dado en llamar Khentkawes II, para distinguirla de la que fue enterrada en Guiza. Ocupó un puesto muy relevante entre reinados y seguramente llegó a ser regente del país.

[31] Con tanto afecto que muchos especialistas consideran que se trata de una pareja de homosexuales, pues si bien es cierto que en la tumba aparecen sus esposas e hijos, en las escenas importantes sólo aparecen ellos dos.

[32] Recientemente se han publicado los resultados de las excavaciones.

[33] Las últimas excavaciones han permitido encontrar en total siete complejos piramidales subsidiarios (no se descarta que haya más) junto a la cara meridional del muro del recinto de Pepi I. De este a oeste son los de las reinas: Nubunet, Inenek Inti, la reina del oeste (anónima), Meritites II, Ankhesenpepi II, Ankhesenpepi III, y el del príncipe Hornetjerihket. En la pirámide de Ankhsenpepi II sí se han encontrado *Textos de las pirámides*, lo que la convierte en la décima pirámide que los contiene.

[34] Como ya hemos visto en una nota anterior, ese honor le corresponde ahora a la momia de Neferefre, que reinó durante la dinastía anterior, la V.

[35] Las recientes excavaciones de D. Arnold han puesto de manifiesto que en realidad se trata de pirámides.

[36] La escasa resistencia del terreno que ya afectó a la pirámide Romboidal hizo que la pirámide de Amenemhat III estuviera a punto de derrumbarse, de modo que cuando las losas del techo de los pasillos comenzaron a fracturarse, fue terminada y abandonada, no sin antes enterrar en ella a dos reinas, una de ellas anónima y la otra llamada Aat. Su criptas y toda la parte suroeste de las habitaciones interiores de esta pirámide fueron descubiertas recientemente por D. Arnold.

[37] La teoría del desastre arquitectónico quedó completamente descartada en la década de 1990, cuando se excavó la esquina noroeste de la pirámide y se encontró el primer escalón.

[38] En la actualidad está siendo restaurada por un equipo español.

[39] Una expedición norteamericana de la Brigham Young University estudió la pirámide a finales de la década de 1980 y encontró en ella restos de una estela con el nombre de Esnefru, lo que demuestra que este faraón fue el constructor del edificio, fechado por lo tanto a comienzos de la IV Dinastía.

TÉRMINOS USUALES

ANUBIS: Deidad con cabeza de chacal que presidía el proceso de embalsamamiento y acompañaba al difunto al otro mundo.

ATUM: Deidad que representaba al sol como Atum-Ra (el demiurgo de la cosmogonía de Heliópolis). Concretamente, representaba al sol del atardecer.

BARCA SOLAR: Barco en el cual navegaba el dios sol: por el día se movía de este a oeste y por la noche de oeste a este.

CABEZAS DE RESERVA: Esculturas típicas del Reino Antiguo que representaban de forma muy realista los rasgos del difunto y que servían como sustitutas de éste.

CARTUCHO: A partir de la IV Dinastía, el nombre del faraón comenzó a ser escrito dentro de esta representación de un lazo de cuerda con un nudo en la base. El cartucho, que evoca ritmos cíclicos y el poder universal del dios sol Ra, y por lo tanto del rey, que era considerado su hijo en la tierra, era utilizado para los dos nombres más importantes de los cinco que tenía el faraón, su nombre de nacimiento y el nombre de coronación.

CENOTAFIO: Lugar de enterramiento simbólico o emplazamiento de un culto funerario utilizado en vez de la tumba real.

ESFINGE: León con cabeza humana, encarnación del poder real y protector de las puertas de los templos.

ESTELA: Losa de piedra o madera de diversas formas («falsa puerta», rectangular, curva, etc.) con decoración e inscripciones de naturaleza funeraria o, menos habitualmente, utilizadas como ofrendas votivas o por motivos de propaganda política por el faraón («estelas reales» y grandes estelas de frontera).

HATHOR: Dios con cabeza de vaca (sólo con orejas de vaca) que era el protector de las mujeres, la música y el difunto.

HED-SEB: (véase Jubileo).

HEDJET: Corona blanca, símbolo del dominio sobre el Alto Egipto.

HEKA (cetro): Símbolo de realeza asociado al dios Osiris.

HELIÓPOLIS: Una ciudad del Bajo Egipto cuyo nombre antiguo era On (o «columna»); era el centro del culto al sol.

HORUS: Deidad solar extremadamente antigua representada en forma de halcón (posteriormente antropomorfizada), que era identificada con los reyes del Dinástico Temprano. De hecho, Horus era considerado el protector del poder real.

JUBILEO REAL: El jubileo real, conocido también como fiesta Sed o Heb-Sed, era una ceremonia que por lo general tenía lugar durante el trigésimo año de reinado del faraón y cuya intención era regenerar el poder real.

KA: Uno de los elementos que componían el ser humano para los egipcios, en este caso la fuerza vital de la persona. Conocido también como el «doble», era creado a la vez que el ser humano, pero era inmortal y aseguraba la fortaleza necesaria para vivir en el más allá.

KHEPER (o _Khepri_): Deidad que representa al sol del amanecer, representado como un escarabajo pelotero.

MASTABA: Nombre utilizado para referirse a una tumba del período predinástico y el Reino Antiguo no excavada en la roca. La palabra mastaba es de origen árabe y significa «banco»; alude a la estructura externa de este tipo de tumba.

MOMIA: Cuerpo deshidratado del difunto envuelto en delgadas tiras de tela. La palabra procede del persa _mumiyah_, que significa betún, aunque esta sustancia sólo fue empleada en el proceso de momificación a partir de la época romana.

NAOS: Tabernáculo de piedra o madera en donde se guardaba la estatua del dios dentro del santuario.

NECRÓPOLIS: Palabra de origen griego que significa cementerio.

NEKHBET: Diosa buitre adorada en el-Kab y protectora del Alto Egipto.

NEKHEKH: Flagelo, símbolo de autoridad asociado con el dios Osiris.

NOMBRES REALES (también títulos reales): Grupo de cinco nombres utilizados por los faraones egipcios: el nombre de Horus, el nombre de las Dos Diosas, el nombre del Horus de Oro, el nombre del Rey del Alto y el Bajo Egipto (o _prenomen_) y el nombre de Hijo de Ra (o _nomen_), utilizado generalmente para referirse al faraón.

Durante las cinco primeras dinastías para referirse al faraón en los monumentos sólo se utilizó el nombre de Horus.

NOMO: Palabra griega utilizada para referirse a las diferentes provincias administrativas del antiguo Egipto, que en egipcio eran llamadas _sepat_. Este sistema de división administrativa del país probablemente se remonta a comienzos del período dinástico, aunque alcanzó su zenit en la época ptolemaica.

NUBIA: Territorio que se extendía desde la Primera hasta la Cuarta Catarata. Se dividía en Baja Nubia, situada entre la Primera y la Segunda Cataratas (conocida por los egipcios como Uauat) y Alta Nubia, conocida como Kush.

OESTE: Representaba el reino de los muertos (las almas de los difuntos iban donde se ponía el sol).

OSIRIS: Deidad momificada y soberano del Otro Mundo. Esposo de Osiris, engendró a su hijo Horus después de ser asesinado por su hermano Seth. Aparece representado llevando la corona _atef_ y sujetando el cetro y el flagelo.

OSTRACON: Fragmento de cerámica o lasca de piedra utilizada como material de escritura en lugar del papiro.

PALETA: Placa de piedra de forma alargada utilizada originalmente para machacar tintes o cosméticos, pero que a partir del Período Predinástico adquirió una especial importancia ritual. Las escenas que decoraban las paletas conmemoraban momentos concretos del reinado de un faraón. El mismo nombre se utilizaba para referirse a la pequeña tablilla de madera utilizada por los escribas para guardar sus útiles de escritura y la tinta.

PIRAMIDIÓN: Monolito en forma de pirámide que era la última piedra de una pirámide o un obelisco.

PRONAOS: El vestíbulo de un templo o una tumba.

PSCHENT: Corona doble que simbolizaba el dominio sobre el Alto y el Bajo Egipto, formada por una corona blanca insertada en una corona roja.

PTAH: Dios creador de Menfis, esposo de la diosa leona Sekhmet. Era representado momiforme y sujetando un cetro *was*. Posteriormente fue identificado con el dios original de Menfis, Sokar, siendo adorado en la forma sincrética Ptah-Sokar.

RA: Antiguo dios sol que originalmente era adorado sobre todo en Heliópolis. Ra es representado con cabeza de halcón coronado por un disco solar, o durante la navegación nocturna con cabeza de carnero. A partir de la IV Dinastía, los reyes de Egipto comenzaron a utilizar el nombre de «Hijo de Ra».

REGISTRO: Cada una de las divisiones horizontales de la decoración de un muro en templos y tumbas, así como en objetos como estelas.

SEREKH: Representación estilizada de la fachada de un palacio de comienzos del Período Dinástico Temprano, coronada por un dios Horus, con un espacio rectangular abierto donde se inscribía el nombre del rey. El *serekh* fue utilizado desde el Dinástico Temprano hasta la III Dinastía. A partir del reinado de Huni, el último faraón de esta dinastía, uno de los nombres del faraón comenzó a escribirse dentro de un cartucho.

TEXTOS DE LAS PIRÁMIDES: Colección de fórmulas e invocaciones mágicas que se inscribieron en los muros de las habitaciones funerarias a partir del reinado del último faraón de la V Dinastía, Unas.

URAEUS: Cobra que representa la luz y la realeza. Representada erguida, puede verse en la frente de la mayoría de las deidades y faraones. Era sagrada para la diosa Wadjet y el dios sol, cuyo ojo se creía que representaba.

VASOS CANOPE: Cuatro jarras utilizadas para contener los pulmones, el estómago, los intestinos y el hígado, extraídos del cuerpo del difunto durante el proceso de momificación.

VISIR: Título ostentado por la persona que ejercía el poder ejecutivo en el antiguo Egipto; actuaba en nombre del faraón en todos los aspectos de la administración del país.

WADJET (UTO): Diosa representada con el *uraeus*, adorada en Buto, en el delta del Nilo, y protectora del Bajo Egipto.

WAS (cetro): Cetro característico de las deidades masculinas.

BIBLIOGRAFÍA Y LECTURAS RECOMENDADAS

TÍTULOS GENERALES

Agnese, G., y Re, M.: *Antiguo Egipto*, LIBSA, Madrid, 2003.

Albanese, M.: *India*, LIBSA, Col. Guías de Arqueología, Madrid, 2005.

Baines, J.; Malek, J.: *Atlas of ancient Egypt*, 1983, Londres [Hay edición española: *Dioses templos y faraones*, Barcelona: Folio, 1989].

Bahn, P.: *Atlas de arqueología mundial*, LIBSA, Madrid, 2003.

Bourbon, F., y Lavagno, E.: *Tierra Santa*, LIBSA, Col. Guías de Arqueología, Madrid, 2005.

Clayton, P.A.: *Chronicle of the pharaohs*, Londres, 1994. [Hay edición española: *Crónica de los faraones*, Barcelona: Destino, 1996].

Dodson, A.: *Los jeroglíficos del Antiguo Egipto*, LIBSA, Madrid, 2004.

Domenici, D.: *México*, Col. Guías de Arqueología, Madrid, 2005.

Durando, F.: *Grecia*, LIBSA, Col. Guías de Arqueología, Madrid, 2005.

Edwards, I. E. S.: *The pyramids of ancient Egypt*, Londres, 1972. [Hay edición española: *Las pirámides de Egipto*, Barcelona: Crítica, 2003].

Grimbly, Sh.: *Enciclopedia de las antiguas civilizaciones*, LIBSA, Madrid, 2005.

Lauer, J. P.: *Histoire monumentale des pyramides d'Égypte*, El Cairo, 1962.

Lauer, J. P.: *Le mystère des pyramides d'Égypte*, París, 1988.

Maragioglio, V.; Rinaldi, C.: *Architettura delle piramidi menfite, VIII vols.*, Turín y Rapallo, 1963-1975.

Parra Ortiz, J. M.: *Historia de las pirámides de Egipto*, Madrid: Complutense, 1997.

Parra Ortiz, J. M.: *Los constructores de las grandes pirámides*, Madrid: Complutense, 1998.

Parra Ortiz, J. M.: *Las pirámides, historia, mito y realidad*, Madrid: Alderabán, 2001.

Pescarin, S.: *Roma*, LIBSA, Col. Guías de Arqueología, Madrid, 2005.

Porter B; Moss, R. L. B.: *Topographical bibliography of ancient Egyptian hieroglyphics texts, reliefs and paintigns*, Oxford, 1927-1952, 1960.

Siliotti, A.: *Egitto, templki uomini e dei*, Vercelli, 1994.

Siliotti, A.: *Pirámides de Egipto*, Col. Guías de Arqueología, Madrid, 2005.

Stadelmann, R.: *Die Ägytischen Pyramiden. Vom Ziegelbau zur Weltbunder*, Maguncia del Rin, 1991.

Vandier, J.: *Manuel d'archéologie égyptienne*, París, 1952-1969.

Wolfgang Müller, H., y Thiem, E.: *El oro de los faraones*, LIBSA, Madrid, 2002

Cubierta

El enigmático rostro de
la Esfinge
©Guilio
Veggi/Archivo White
Star

Arriba izquierda
La pirámide de Esnefru
en Meidum en un dibujo
del siglo XIX
©Archivo White Star

Cubierta posterior

Arriba
La pirámide de Djoser en
Sakkara
©Marcello Bertinetti/
Archivo White Star

Centro
Habitaciones en la
pirámide de Menkaure
(Micerino)
©Claudio
Concina/Geodia

Debajo
Las pirámide de Guiza
©Marcello
Bertinetti/Archivo White
Star

168 Vista aérea del
emplazamiento de la
pirámide de Khufu

CRÉDITOS DE LAS ILUSTRACIONES

Archivo White Star: páginas 1, 18, 19, 22, 23 arriba, 24, 25, 30 derecha, 32, 42, 43; Antonio Attini /
White Star: páginas 71 E, 64 A; Marcello Bertinetti/White Star: páginas 168, 2, 3, 7, 8 debajo, arriba, 8-
9, 9 arriba, 39, 468, 48A, D, 49C, 60A, 648, 66A, 68A, 72A, 76A, 81G, 90, 91, 94, 95, 98 A, B, C, D,
E, F, 99 H, 102, 1 OS 8, 110 A, 126, 128 A, 138 A, 142 A, B, 144 A; Giulio Veggi / White Star:
páginas 4, 12 arriba izquierda, 35 arriba izquierda, 50 8, 54 A, 67 D, 68 E; James P. Blair / Ag. National
Geographic Society: páginas 55 F, G; Victor Boswell /Ag. National Geographic Society: páginas 54, 55;
British Museum: página 67 E; Patrick Chapuis: páginas 139 H, 148 B; Claudio Concina / Geodia:
páginas 21 arriba izquierda, 34, SO A, 52, 54 8, 62 8, 63 C, 73 E, 74 A, 96 B, 97, 101 H, I, 104 A, 105
D, E, F, G, 106 B, D, E, F, 107 G, I, J, K, 108 A, B, C, 109 E, F, 110 D, 111 E, 118A, D, E, 119 L, 121,
124A, 125 J, 128 D, 129 I, 130 A, 134 C, 138 B, 151 D, 153 C, 157 H, 161 G, 162 B; A1fio Garozzo:
página 16 centro; Kennet Garret: página 5 debajo; Jurgen Liepe: páginas 10 arriba derecha 11, 31
izquierda, 103 F, 111 G, H, 146 B, 148 E, 160 D, F, J; Livet: páginas 38 centro derecha, 119 I, K;
Claude E. Petrone / Ag. National Geographic Society: página 55 E; Alberto Siliotti / Geodia: páginas 6
arriba, 10 arriba izquierda, 12 debajo izquierda, 12 debajo derecha, 12 centro, 12 arriba derecha, 13
arriba, centro, debajo, 16 arriba, debajo, 20, 21 arriba derecha, debajo, 23 debajo, 26 arriba, 26 centro,
debajo izquierda, 27, 28, 29, 30 izquierda, 31 arriba derecha, 33, 35 derecha, 36, 37, 38 izquierda
centro, arriba derecha,debajoderecha,40, 41, 43, 44, 45, 46 A, 47, 48 B, 49 D, E, 51, 53, 54 D, 55 F, 56,
57, 58, 59, 60 B, 61, 62 A, 63 D, E, F, 65, 66 B, 67 C, F, 69, 70, 71 F, 72 B, C, 73 D, F, G, 74 B, C, D,
75, 76, 78, 79, 80, 81 H, I, J, K, 82, 83, 84, 85, 86, 87, 89, 92, 93, 96 A, 98 B, C, D, E, F, 99 G, 100,
101 D, E, F, G, 103 D, E, 104 C, 106 A, 107 H, 108 D, 109 G, 110 B, C, 111 F, 114, 115, 116, 117,
118 B, C, 119 G, F, H, 119 J, 120, 122, 123, 124 B, C, D, 125 E, F, G, H, I, 127, 128 B, C, E, F, 129 G,
H, 130 B, C, D, E, 131, 132, 133, 134 A, 8, D, 135 E, F, G, H, I, 136, 137, 138 C, 139 D, E, F, 140,
141, 143, 144 C, 146 A, 147, 148 A, 149, I50, 151, C, E, 152, 153, D, E, 154, I55, 156, 157, E, F, G, 1,
158, 7 59, 160 A, 8, C, 762 A, C, 163.